VIE DE

VOLTAIRE

DU MÊME AUTEUR

MORCEAUX CHOISIS DE J.-J. ROUSSEAU

Un vol. in-16 illustré, de 250 pages.

VIE DE J.-J. ROUSSEAU

Un vol. in-16 illustré, de 250 pages (en préparation).

LA RÉPUBLIQUE GLORIFIE SES MEILLEURS CITOYENS

VIE DE

VOLTAIRE

PAR

GEORGES RENARD

PARIS. CHARAVAY FRÈRES ÉDITEURS

4 Rue de Furstenberg

1883

INTRODUCTION

On a beaucoup écrit pour et contre Voltaire. Mais cent ans et plus ont passé sur sa tombe : il est temps de sortir des plaidoyers passionnés pour entrer dans l'histoire sereine. Le montrer tel qu'il fut, parler de lui sans haine et sans superstition, l'expliquer enfin sans le rabaisser et sans l'exalter est aujourd'hui une tâche à la fois tentante et possible. Tel est le but de ce petit ouvrage.

Et qu'on ne dise point que c'est encore le flatter que de consacrer à sa vie un volume entier. Si le XVIIe siècle a pu être nommé siècle de Louis XIV, le XVIIIe peut, à plus juste titre, être appelé siècle de Voltaire. Son génie domine toute l'époque ; sa gloire et sa longévité de patriarche le remplissent ; ses œuvres en résument les principales tendances. Voltaire, a dit Lamartine, *c'est un siècle fait homme,* c'est le XVIIIe siècle français incarné.

Est-il besoin de le prouver ? Sa biographie est le meilleur moyen de faire comprendre comment et pourquoi il fut le vrai roi de ce siècle si hardi et si diversement jugé.

VOLTAIRE
NÉ A PARIS
LE XX FÉVRIER MDCXCIV
MORT A PARIS
LE XXX MAI MDCCLXXVIII

VIE DE

VOLTAIRE

CHAPITRE I

ENFANCE ET ADOLESCENCE DE VOLTAIRE

1694-1715

C'est le 21 novembre 1694 que naissait à Paris François-Marie Arouet. Il semblait n'avoir qu'un souffle de vie. « Je suis né tué, » disait-il plus tard. Mais, dans ce corps d'apparence si frêle, se cachait une force qu'on n'y soupçonnait pas ; ce mourant précoce devait mettre quatre-vingt-quatre ans à mourir.

La critique de nos jours aime, en étudiant les grands hommes, à les prendre même avant leur naissance ; elle a donc fouillé le passé de la famille Arouet pour y découvrir quelque signe précurseur du génie qui devait l'illustrer. Recherche inutile ! Tout ce qu'elle peut dire, c'est qu'il sortait d'une famille aisée, originaire du Poitou. Le père du nouveau-né était un honnête notaire, lié, par suite de ses fonctions, avec bon nombre de gens de lettres et de grands seigneurs. La mère, femme du monde, a été accusée d'avoir été trop aimable ; elle a fait ainsi planer sur sa réputation des soupçons qui n'ont jamais été ni confirmés ni dissipés. François-Marie était son cinquième et dernier enfant. Des autres, deux étaient morts en bas-âge ; les deux autres restants étaient un garçon, Armand, qui devint un austère janséniste, et une fille qui épousa plus tard un M. Mignot.

Leur petit frère, le grand homme futur, se distingue de bonne heure par la vivacité de son intelligence et l'espièglerie de son humeur. Son parrain, l'abbé de Châteauneuf, un de ces abbés mondains qui croyaient quelquefois en Dieu, s'amuse à l'entendre balbutier des vers de sa voix enfantine. L'enfant prend goût à cette langue sonore, son esprit s'éveille, et lorsqu'en 1704, trois ans après la mort de sa mère, il est mis chez les jésuites au collège Louis-le-Grand, il étonne bientôt ses maîtres par la rapidité de ses progrès et sa facilité merveilleuse.

Il eut la chance de rencontrer là des maîtres qui n'étaient point trop pédants et des condisciples qui restèrent ses amis ou devinrent ses protecteurs. On se plaît à chercher dans l'enfance des hommes célèbres des présages de ce qu'ils sont devenus dans la suite : mais c'est le cas de répéter le mot de l'Ecriture : Cherchez et vous trouverez. On trouve donc semés d'anecdotes plus ou moins légendaires les débuts du jeune écolier. S'il fallait en croire des gens trop bien informés, il s'annonçait dès lors comme un incrédule. Un jour, il avait caché le verre d'un de ses camarades : « Va, lui aurait dit celui-ci, tu n'iras jamais au ciel, Arouet. — Le ciel ! eût répondu l'enfant. Bah ! c'est le grand dortoir du monde ! » Une autre fois, c'est un des Révérends Pères qui, scandalisé d'une boutade semblable, l'aurait saisi au collet en s'écriant : « Malheureux ! Tu seras un jour le porte-étendard du déisme en France. »

Le tort de ces prédictions est de venir après coup, quand elles sont accomplies depuis longtemps ; prophétiser le passé est le moyen le plus sûr de ne pas se tromper. Ce qui est plus certain, c'est que le jeune Arouet buvait avec avidité aux sources du savoir. Il se plaisait durant les récréations à assaillir ses maîtres d'une foule de questions auxquelles il n'était pas toujours facile de répondre ; l'histoire attirait alors sa curiosité et, comme le disait un de ses professeurs, il aimait « à peser dans ses petites balances les grands intérêts de l'Europe ». Mais l'histoire avait déjà une rivale dans son esprit ; c'était la poésie. Le démon des vers s'était emparé de lui. Il en composait en latin, c'était l'usage ; il en faisait aussi en français, ce qui scandalisait plus d'un fervent adorateur des vieilles méthodes et des vieilles langues. En ce temps-là, un bon élève de rhétorique ne manquait pas de faire sa tragédie. Le futur auteur de *Zaïre* fabriqua la sienne : Amulius et Numitor en étaient les héros. Il ne nous reste rien de ce coup d'essai ; mais nous pouvons juger des prémices de son talent par quelques petites pièces qui nous sont restées. Un jour, c'est une tabatière qu'il a fait sauter imprudemment pendant une classe ; la pauvre tabatière est confisquée et, pour la ravoir, il est condamné à adresser à son maître une supplique en vers qu'il tourne gaillardement en un quart d'heure. Une autre fois, c'est un invalide qui veut obtenir une grâce du dauphin ; mais le vieux soldat sait mieux se battre que s'exprimer ; l'enfant (car il n'a que treize ans) invoque la Muse et l'invalide reçoit en louis d'or la preuve que sa requête rimée a été bien accueillie. Mais la pièce la plus curieuse, qu'ait composée alors l'apprenti poète, est la traduction en vers français d'une ode latine qu'un père jésuite avait écrite en l'honneur de sainte Geneviève, patronne de Paris. Il s'y trouve une strophe où l'auteur dédie à la sainte tous ses écrits futurs. Quand on songe aux œuvres postérieures de celui qui s'appela Voltaire, on se dit que la sainte n'a pas dû recevoir souvent pareille offrande.

Quand ce brillant élève sortit du collège, il emportait de ses maîtres un bon souvenir qui le rendit longtemps indulgent pour la Société de Jésus. Il emportait aussi une vocation bien décidée. Il avait seize ans; le moment était venu de choisir une profession. « Je veux être homme de lettres, » répondit-il à son père qui l'interrogeait sur ses goûts. C'était là une réponse qui a toujours eu le don de faire froncer le sourcil aux pères de famille. L'honnête notaire eut l'effarement d'une poule qui aurait couvé un œuf d'aigle. Homme de lettres ! Cela voulait dire pour lui « un être inutile à la société, à charge à ses parents, voué à la misère, condamné à mourir de faim ». Au jeune homme qui disait : « Je veux faire des vers », le père répliqua : « Tu feras ton droit. » Ce fut alors une lutte de tous les jours entre ces deux volontés contraires, lutte qui se trouve aux débuts de bien des écrivains, lutte souvent utile où disparaît vaincue la vocation apparente, où se renforce, au contraire, la vocation sérieuse. Ici il ne s'agissait point d'une velléité passagère et le jeune homme le prouva bien. On voulait lui acheter une charge au parlement; car alors le droit de rendre la justice s'achetait comme un fonds de commerce, et tel fils de famille, tout frais émoulu de l'Université, à peine capable de gérer ses propres biens, pouvait, moyennant deux ou trois cent mille écus, devenir l'arbitre de la fortune et de la vie de ses concitoyens. Arouet ne se laissa pas tenter par ce moyen facile d'acquérir de la puissance. « Je ne veux pas, disait-il, d'une considération qui s'achète. Je saurai m'en faire une qui ne coûte rien. »

Il ne prit peut-être pas, pour arriver à ce but, le chemin

le plus court. Il mena une vie fort dissipée et s'occupa beaucoup plus de ses plaisirs que des vénérables lois de Justinien ou des tortueux détours de la procédure. Aussi son père, pour l'arracher aux séductions trop nombreuses de Paris, l'envoya-t-il en Hollande, en l'attachant à la personne de l'ambassadeur de France en ce pays. Mais ce déplacement ne suffit pas pour calmer l'humeur aventureuse de l'écrivain en herbe. Il trouva dans la ville de La Haye plus de distractions que n'eût souhaité son père. Il y rencontra surtout une jeune fille, fort avenante, qui était d'origine française ; on l'appelait Olympe Dunoyer et Pimpette dans l'intimité. Il s'éprit d'elle ; mais la mère ne le vit pas d'aussi bon œil que la fille ; elle rêvait pour son Olympe un riche mariage. Un poète n'était point son affaire. Elle se plaignit à l'ambassadeur des assiduités de notre héros, qui reçut tout à coup l'ordre de rentrer en France. Cet amour contrarié faillit devenir une passion ; il prit du moins une couleur tout à fait romanesque ; les deux jeunes gens s'écrivent, se voient en secret, projettent même de fuir ensemble. Vains projets ! L'amoureux de dix-neuf ans part seul et désespéré pour Paris. C'est alors, entre elle et lui, un échange de lettres passionnées ; il se tuera, si elle ne vient pas le rejoindre ; elle mourra, si elle n'est pas sa femme. Six mois après, Pimpette devient la femme d'un comte et le pauvre abandonné n'en meurt pas. En souffrit-il ? Il faut le croire, mais il paraît s'être consolé assez vite. Il pardonna même à la perfide, tout en conservant, dans un coin de son cœur, le frais souvenir de ce premier amour.

Il avait été, du reste, à son retour à Paris, assailli de soucis d'un autre genre. Son père, exaspéré de pareilles fredaines, avait songé, soit à le faire enfermer, soit à l'embarquer pour l'Amérique ; il ne s'adoucit qu'à une condition, c'est que le coupable entrerait chez un procureur. Cette fois, il fallait bien se soumettre : on peut imaginer que cet étudiant en droit malgré lui ne se distingua pas par son zèle; mais il est pourtant permis d'assurer que ce séjour dans ce que Boileau appelait l'antre de la chicane ne lui fut point inutile. Il y acquit une entente des affaires qui est rare chez un poète et qui devait rendre plus tard à sa fortune des services signalés.

Cependant, pour les vers, le futur avocat faisait des infidélités aux Pandectes et à tous les codes. Ce fut toujours le privilège de cet esprit merveilleusement actif et facile de mener de front deux ou trois études différentes. Il envoyait à l'Académie française une pièce de poésie sur un sujet de concours qu'elle avait proposé suivant l'usage. Qui douterait de la piété de l'auteur à voir les premiers vers composés par lui ? Il s'agissait, cette année-là, de la reconstruction du chœur de Notre-Dame. La pièce du jeune poète, quoique fort orthodoxe, n'eut pas le prix : une intrigue académique l'en priva injustement. Supporter patiemment une injustice ne fut jamais la vertu de ce caractère bouillant; aussi une satire très mordante vint-elle bientôt punir l'Académie de son arrêt mal justifié. Il y aurait eu quelque présomption à mettre ainsi en doute la compétence ou l'équité des juges, si Arouet le Jeune, comme il signait pour se distinguer de son frère, n'avait joui déjà dans le monde d'une réputation fort méritée. Un petit cercle d'amis savait, dès lors, apprécier son esprit, et ces amis méritent quelques mots au passage. Ils n'étaient pas les premiers venus, et ils ont même laissé sur son talent naissant et sur son caractère à peine formé une empreinte ineffaçable.

On était alors aux dernières années du roi Louis XIV, et déjà son œuvre croulait de toutes parts. A Versailles, dans son palais, il ne manquait pas sans doute de courtisans dévots par flatterie; on n'y osait guère penser tout haut; on craignait presque d'y penser tout bas; mais à Paris déjà l'on était las de la contrainte qui pesait sur les esprits; on commençait à secouer le joug des dogmes politiques et religieux.

C'est ainsi qu'autour des princes de Vendôme se réunissait une petite société frondeuse, épicurienne, libre dans ses idées, ses propos et ses mœurs; par haine de l'hypocrisie à la mode, elle se jetait volontiers dans l'excès contraire. Elle faisait parade de cynisme et d'impiété! Cette société est connue sous le nom de société du Temple, parce qu'elle se réunissait dans un vieux bâtiment, moitié forteresse et moitié palais, qui avait jadis appartenu aux Templiers. Le Temple était devenu la propriété d'un prince de la maison de Vendôme. Or, les Vendômes touchaient de près à la famille royale. C'est pourquoi ce foyer d'opposition sourde, ce petit cénacle de libres viveurs et de libres penseurs fut toléré, quoique fort mal vu. Là, dans des soupers recherchés, pétillaient les bons vins et les bons mots; on y riait de tout, de l'homme et de Dieu; on s'y raillait de la vertu des femmes comme des miracles; on n'y respectait rien, sauf peut-être l'esprit.

La poésie, en effet, était de toutes les fêtes. Les gens de lettres, pour peu qu'ils eussent du tact et du talent, étaient accueillis à bras ouverts; ils avaient leur franc-parler, ils étaient traités en égaux par leurs nobles hôtes; des abbés, plus païens que chrétiens, menaient le branle de la gaîté; ils chantaient, comme La Fare ou Chaulieu, le plaisir, la paresse, la vie facile et molle; ils avaient pris pour texte de leurs sermons d'un nouveau genre la maxime antique : Hâtez-vous! Jouissez!

Un de ces hommes d'Eglise qui l'étaient si peu, l'abbé de Châteauneuf, était parrain d'Arouet. C'est grâce à lui que le jeune homme fut de très bonne heure admis dans cette société tout imprégnée d'un esprit de réaction contre les croyances et les mœurs du XVIIe siècle. Alors qu'il était encore au collège, il avait été présenté à la vieille Ninon de Lenclos, qui avait, elle aussi, préconisé autant que mis en pratique les doctrines d'Epicure. Elle lui avait même, dit-on, légué deux mille francs pour acheter des livres.

C'était un premier pas ; son entrée au Temple en fut un second dans la même voie. Il s'y distingua bientôt par ses saillies, son enjouement, sa finesse ; il devint bien vite un des poètes attitrés de la société et, dans ses œuvres, un bon nombre de pièces coulantes, gracieuses, pleines d'une verve et d'une morale faciles, attestent son passage au milieu des libertins élégants qu'il fréquenta lors de son début dans le monde. Qui mesurera leur influence sur son caractère et sur son esprit? Il était à l'âge où l'exemple d'autrui a le plus de pouvoir, où, par crainte de paraître niais ou simplement naïf, le jeune homme affecte dans ses discours comme dans ses actes plus de désinvolture et de hardiesse qu'il n'en a. Aussi prit-il là, en matière religieuse surtout, une liberté d'allure qu'il conserva jusqu'à son dernier jour.

D'ailleurs, il faut le dire, il suivait ainsi un courant général. Les habitués du Temple n'ont été que les précurseurs d'un mouvement qui devait emporter bientôt la nation tout entière. C'est une loi de l'histoire que les extrêmes se touchent ou, pour mieux dire encore, s'appellent, s'engendrent l'un l'autre. Le XVIIe siècle avait imposé la foi avec tant de violence que le doute avait germé dans une foule d'intelligences. Il avait tant abusé de l'autorité que l'esprit de liberté se réveillait avec une force irrésistible. Voltaire se trouve ainsi en harmonie avec ses contemporains ; il est à la fois effet et cause du grand changement qui commence alors. Il va exprimer avec éclat la tendance générale, condenser des idées qui flottent autour de lui, dire mieux que les autres ce que les autres pensent. C'est ce qui explique son succès et sa puissance. On connaît ce mot plaisant prêté à je ne sais plus quel chef de bandes indisciplinées : « Il faut bien que je les suive : je suis leur chef. » Eh bien ! on peut dire aussi qu'un grand homme n'est reconnu comme tel qu'à condition de suivre le courant qui l'entraîne et le soutient.

2

CHAPITRE II

JEUNESSE DE VOLTAIRE JUSQU'A SON RETOUR D'ANGLETERRE

1715-1729

Mais revenons en arrière. François-Marie Arouet n'était pas encore Voltaire ; il n'était qu'un grand homme en espérance. C'est sous la régence que sa renommée commença à sortir du cercle étroit où elle était jusqu'alors restée enfermée.

La Régence est en France une époque folle et singulière qui est en même temps une date importante. Le jour où Louis XIV alla enfin rejoindre dans la nécropole de Saint-Denis les cendres des rois ses ancêtres fut accueilli, dans tout le royaume et à Paris surtout, comme un jour de délivrance. Il semblait qu'avec un nouveau roi allait commencer une nouvelle ère ; un sentiment d'espoir vague, mais puissant, emplissait tous les cœurs, et, de fait, c'est bien de ce jour-là qu'il faut dater le commencement du XVIIIe siècle. Ce fut une détente générale ; à l'excès de la contrainte succéda, suivant la règle, l'excès de la licence. Le duc d'Orléans, qui est régent, mène lui-même la ronde où tournoie la France en goguette ; les vices qui se cachaient font éruption au grand soleil ; c'est à qui portera le costume, parlera le langage le plus débraillé ; le suprême bon ton est d'être corrompu, « roué », suivant le mot du temps, et de le paraître encore plus qu'on ne l'est. La cour, dévote hier, est devenue athée.

Le cynisme est à la mode, comme la gravité l'était la veille. Après cette explosion de passions trop longtemps contenues, le calme se fera peu à peu; mais l'impudeur restera un des cachets du siècle et de tous les hommes qui auront vécu sous la Régence.

Arouet alors ne vaut ni mieux ni pis que la société en fermentation qui l'environne; seulement on commence à savoir qu'il a l'humeur moqueuse et qu'il sait à merveille lancer un trait acéré. La Régence, où l'esprit émancipé se donna carrière sous toutes les formes, fut extrêmement fertile en satires d'une virulence qui les rend impossibles à citer. Elles paraissaient, cela va sans dire, anonymes. Mais on essayait de deviner l'auteur et Arouet fut plusieurs fois victime de sa réputation naissante. On le connaissait capable d'écrire des couplets satiriques; c'en était assez pour qu'il fût accusé et puni. Une première fois, en 1716, on l'exile de Paris; on le relègue en province. Il a beau désavouer les vers qu'on lui attribue; on n'en tient pas compte et il faut bien reconnaître que de pareils désaveux ne tiraient pas alors à conséquence. Comme les châtiments frappaient les écrivains à tort et à travers et sans recours possible, tous les moyens semblaient bons pour éviter ces rigueurs arbitraires. Renier la paternité de ses œuvres était le plus commode et Voltaire avec une légèreté de conscience, que tous les auteurs du temps ont eue comme lui, n'aura aucun scrupule à charger des morts, ou même parfois des vivants, du compromettant honneur d'avoir composé ses écrits les plus hardis.

Son premier exil ne le rendit pas plus prudent. A peine de retour à Paris, il se venge du régent en lançant contre lui une satire latine fort mordante. En plein café il s'échappe en propos amers contre Son Altesse. C'en était plus qu'il ne fallait pour le faire arrêter. Par surcroît, il venait de paraî-

LA BASTILLE

tre une pièce de vers français qui énumérait amèrement toutes les hontes, tous les scandales de la fin du règne du grand roi. Elle se terminait par ce vers :

J'ai vu ces maux et je n'ai pas vingt ans.

C'était à peu près l'âge d'Arouet ; la pièce avait de plus un caractère janséniste des plus prononcés. Janséniste! Arouet le jeune n'avait jamais songé à l'être; il n'était pas assez chrétien pour cela; mais si ce n'était lui, c'était son frère. Il fut décidé que la pièce était d'Arouet le jeune et l'auteur présumé fut au mois de mai 1717 conduit à la Bastille.

Il y resta onze mois : il y aurait eu de quoi assombrir un autre homme; mais le prisonnier avait en lui un grand fonds de gaieté. Il se représente lui-même à cette époque (et ce portrait sera vrai toute sa vie) « flexible comme une anguille, vif comme un lézard, travaillant toujours comme un écureuil ». Aussi, loin de se désespérer, il rime une tragédie, il ébauche un poème épique, il adresse à ses amis des épîtres enjouées. Sa captivité, du reste, est assez douce; il est traité avec égards; il jouit de toute la liberté qu'on peut avoir en prison. Lorsqu'enfin il sort de la Bastille, il prouve qu'il a bien mis à profit les loisirs forcés que lui a faits la sévérité du régent; car il présente à la Comédie Française sa tragédie d'*Œdipe*.

Le poète passa par bien des tribulations avant d'obtenir qu'elle fût représentée. Il avait été accueilli par les comédiens avec le dédain qu'on n'épargne guère aux débutants. Comment osait-il reprendre un sujet traité par Corneille? Comment pouvait-il espérer qu'on jouerait une pièce sans amour? Il dut garder longtemps en portefeuille la tragédie qu'il avait écrite dès l'âge de dix-huit ans ; il dut, ce qui était plus pénible, la gâter pour la faire agréer; il y inséra, tant bien que mal, un épisode amoureux et, après bien des remaniements, il eut le plaisir de la voir enfin paraître sur les planches. Ce fut son véritable début devant le public : il fut éclatant. Le poète obtint, ce qui est la marque d'un grand succès, beaucoup d'éloges et beaucoup de critiques. On applaudit à outrance, non-seulement la conduite et la versification harmonieuse de la pièce, mais aussi bon nombre de maximes audacieuses que le poète avait placées dans la bouche de ses personnages.

Le théâtre pendant tout le XVIIIe siècle fut considéré comme une école et comme une tribune. Tout poète dramatique se regarde comme l'instituteur des nations, comme une sorte de prédicateur laïque. Le débutant ne fit pas exception à la règle.

On raconte qu'un mathématicien sortant de la représentation d'*Andromaque* s'écria : Qu'est-ce que cela prouve ? Il n'eût pas pu faire la même question après la tragédie nouvelle. L'auteur y prodigue les préceptes retentissants, les vérités hardies. Il met dans la bouche de ses personnages ce qu'il n'ose dire pour son propre compte et ce sera, dès lors, une habitude chez lui de semer ses pièces d'allusions au temps présent. Il fera prêcher la tolérance par des Chinois, l'humanité par des Turcs, le déisme par des Indiens. Il parlera sans cesse au public sous les noms les plus différents. A la première représentation d'*Œdipe*, l'auteur eut, paraît-il, l'étrange fantaisie de figurer sur la scène portant la queue du grand-prêtre. Eh bien ! on pourrait dire qu'il a fait de même dans toutes ses tragédies : il se glisse toujours derrière ses héros pour leur souffler ses idées et ses maximes les plus neuves.

Ainsi, dans *Œdipe,* éclataient des vers philosophiques qui se gravaient aisément dans les mémoires. C'était Philoctète qui s'écriait en parlant d'Hercule, son maître et son ami :

Qu'eussé-je été sans lui ? Rien que le fils d'un roi.

Au lendemain de la mort de Louis XIV, la pensée ne manquait pas de hardiesse. Mais c'est au clergé qu'était lancée déjà une vraie déclaration de guerre. Des bravos soulignaient ces paroles de la reine Jocaste :

> Nos prêtres ne sont pas ce qu'un vain peuple pense,
> Notre crédulité fait toute leur science.

Chacun sentait que sur la joue des prêtres païens il en voulait souffleter d'autres ; l'accueil fait à ce coup d'essai était un encouragement à revenir à la charge et le poète ne devait pas y manquer dans sa longue carrière.

Pour compléter son triomphe, il eut jusqu'aux éloges officiels. Le régent le fit venir, lui remit une médaille d'or, lui offrit une gratification et reçut en retour cette réponse malicieuse : « Je trouverais fort bon, Monseigneur, que « Votre Altesse voulût bien se charger de ma nourriture ; « mais je la prie instamment de ne plus se charger de mon « logement. »

Un succès au théâtre est pour un écrivain le moyen le plus rapide d'arriver à la célébrité. Arouet avait, dès lors, conquis sa place au premier rang ; c'est à ce moment qu'il quitta son nom pour prendre celui de Voltaire. Etait-ce pour se distinguer de son frère? Etait-ce, comme il le disait, pour ne pas être confondu avec un mauvais poète qui s'appelait Roy? On l'ignore. Quant au nom qu'il choisit, on a dit que c'était celui d'un fief de la famille; mais on ne connaît point ce fief; on a retrouvé dans une tragédie du XVIIe siècle un personnage qui s'appelle *Voltare* et qui joue le rôle d'un incrédule; est-ce là ce qui aurait tenté le poète? L'opinion la plus probable est que c'est tout simplement l'anagramme de sa signature habituelle, *Arouet L. J.*

Quoi qu'il en soit, Voltaire (car nous le désignerons désormais par son nom de guerre devenu son nom de gloire), était lancé dans la carrière littéraire. Il fait jouer plusieurs tragédies avec des succès divers, n'hésitant pas à les corriger, à les retirer même, dès qu'elles ne réussissent qu'à demi. Il achève son poème épique qu'il intitule d'abord la *Ligue*, mais qui devient bientôt la *Henriade*. Il le lit à ses amis, et un jour, mis hors de lui par des critiques pointilleuses, il jette le manuscrit au feu. La *Henriade* faillit ainsi être brûlée comme l'*Enéide*. Mais un des personnages présents, le président Hénault, se précipita et put arracher leur proie aux flammes. L'ouvrage est publié en secret : car il est, paraît-il, entaché d'hérésie ; c'est une raison de plus pour qu'il soit alors bien accueilli par le public et la réputation du poète commence à éclipser toutes les autres.

Pendant ce temps, Voltaire est sans cesse en mouvement. Il voyage, il va de château en château, d'eaux thermales en eaux thermales ; il est toujours malade, il se drogue à outrance, ce qui ne l'empêche pas d'avoir une activité incessante ; il laisse échapper quantité de vers aimables et spirituels qui sont comme sa langue naturelle ; il fréquente les financiers qui grossissent sa fortune ; il semble s'éparpiller dans les plaisirs du monde ; mais il retrouve toute son énergie pour rendre service à ses amis ou poursuivre à outrance ses ennemis.

Il a, en effet, le malheur d'avoir alors de tristes querelles : avec un comédien qu'il force à lui demander excuse ; avec un espion de qualité qui arrête sa voiture en pleine campagne et le bâtonne d'importance. C'étaient là des guets-apens dont il était alors difficile d'obtenir justice, quand on n'était pas grand seigneur, surtout quand on n'était qu'un poète ; il parvint pourtant à faire arrêter et condamner l'insulteur. C'est qu'en effet Voltaire, chaque fois qu'il est attaqué, se défend avec une vivacité que rien n'alanguit, avec une ardeur que rien n'éteint. C'est aussi qu'il a des amis dévoués, des protecteurs puissants. Il est reçu dans les maisons les plus aristocratiques ; il est, par exemple, le familier du duc de Villars ; il sait à merveille tourner le madrigal et la flatterie ; il est passé maître dans le métier de courtisan, et pourtant il est fier, il a le sentiment de sa dignité, il se sent l'égal de ces nobles qu'il coudoie ; « nous sommes tous ici princes ou poètes, » disait-il un jour dans un grand dîner. Il n'est point désarmé d'ailleurs ; il est toujours prêt à décocher quelque épigramme piquante et on ne s'expose pas volontiers à ses railleries.

Son esprit, qui était sa sauvegarde, fut pourtant ce qui lui valut l'épreuve la plus dure de sa jeunesse. Un chevalier de Rohan-Chabot, plus riche en aïeux qu'en intelligence, crut faire une plaisanterie fort heureuse en disant au poète : Mons Arouet, Mons de Voltaire, comment vous appelez-vous ? — Voltaire fit la sourde oreille. Mais un autre jour, au foyer du Théâtre français, le chevalier économe de mots spirituels répéta la même impertinence. Cette fois Voltaire laissa partir la riposte. Il répondit : Je commence mon nom, Monsieur, et vous finissez le vôtre. — Suivant d'autres, il aurait répliqué : Je ne traîne pas un grand nom, mais j'honore celui que je porte. — Voltaire était vengé ; mais, à quelques jours de là, il se trouvait à souper chez le duc de Sully, quand on vint le prévenir que quelqu'un l'attendait dans la rue pour affaire pressante. Il descend ; mais à peine a-t-il dépassé le seuil de la porte qu'il est saisi par quatre vigoureux gaillards et roué de coups, pendant que le brave chevalier de Chabot, posté derrière, commande les travailleurs. Ainsi outragé, Voltaire rentre, dans une fureur facile à comprendre, chez le duc de Sully ; il l'adjure de se joindre à lui pour lui faire rendre justice, d'appuyer sa plainte auprès du commissaire de police. M. de Sully appelait Voltaire son ami. Mais quoi ! Voltaire n'était qu'un roturier, un homme de rien ; son adversaire était noble, appartenait à une famille puissante ; d'ailleurs il était admis, à cette époque, que les gens de lettres étaient faits pour être bâtonnés. « Nous serions bien malheureux, disait alors un autre noble, si les poètes n'avaient pas d'épaules. » M. de Sully laissa donc Voltaire se tirer d'affaire comme il pourrait. Celui-ci n'était pas homme à abandonner si vite la partie : il court partout, s'adresse à tous ses protecteurs, remplit de ses plaintes légitimes et la ville et la cour ; mais il a beau faire, il ne rencontre partout qu'indifférence. Que dis-je? on se moque de lui. On fait courir contre le battu toute espèce d'épigrammes. On ne dira plus, s'écrient les bonnes âmes, battre quelqu'un, on dira le *voltairiser*. D'autres recommandent l'emploi des *cannes-Voltaire*, etc. On peut juger de l'exaspération d'un homme naturellement irritable. Il ne rêve plus que de tuer son insulteur ou d'être tué par lui ; il passe son temps chez les maîtres d'armes, il cherche le chevalier pour le provoquer ; il le rencontre enfin, le défie. Rendez-vous est pris pour le lendemain, à neuf heures ; et, au moment où il croit tenir enfin sa vengeance, Voltaire est arrêté et emprisonné une seconde fois à la Bastille. Le chevalier n'avait plus rien à craindre.

Les grands seigneurs jusqu'à ce moment avaient volontiers pardonné au chevalier ses procédés plus que cavaliers à l'égard de ce fils de notaire, qui était, comme dit Saint-Simon, devenu « une manière de personnage ». Le faire battre, passe encore ; mais le faire jeter en prison pour éviter de se battre avec lui, c'était décidément trop. Il se produisit un revirement en sa faveur. On lui rendit sa liberté ou à peu près : il fut condamné seulement, par grâce spéciale, à quitter la France et à se retirer en Angleterre. Il partait en effet pour un exil indéfini au mois de mai 1726 ; il fit bien, au péril de sa liberté, un petit voyage clandestin à Paris pour y rencontrer son prudent et insaisissable adversaire; mais il ne put y parvenir et dut se résigner à garder, sans pouvoir l'assouvir, le ressentiment de son injure. La seule vengeance qui fût à sa portée ne tomba pas sur le chevalier de Chabot, mais sur l'homme qui l'avait lâchement abandonné; il avait dans la *Henriade* peint Sully, le compagnon de Henri IV, sous les couleurs les plus flatteuses ; il effaça tous les passages où il était question de lui et le remplaça par Duplessis-Mornay.

Cette aventure ne jette pas seulement un triste jour sur l'arbitraire qui régnait alors en France, elle a dans la vie de Voltaire une importance considérable. D'abord elle lui enseigna la prudence, elle lui apprit à se faire une position inexpugnable, à devenir une puissance avant d'oser attaquer les abus existants. Puis, en le jetant violemment et pour plusieurs années au sein de la société anglaise, elle lui mit sous les yeux un spectacle nouveau qui devait l'instruire, elle fit pénétrer en lui des idées et des sentiments qui ne se-raient pas nés en lui, s'il était resté en France. Voltaire allait revenir en France disciple de l'Angleterre.

On dirait vraiment que la Manche est moins large et moins profonde que le Rhin. L'histoire, sinon la géographie, veut qu'il en soit ainsi ; car, à toute époque, la France s'est trouvée dans un commerce d'idées bien plus étroit avec l'Angleterre qu'avec l'Allemagne. Au XVIIIe siècle surtout, il est aussi difficile de trouver un écrivain français qui ne sache pas l'anglais que d'en découvrir un qui connaisse l'allemand. Philosophes, romanciers, hommes d'état se proclament, sur les bords de la Seine, écoliers de l'Angleterre; s'il y a guerre presque incessante entre les deux nations, il y a union et harmonie entre les deux littératures, et cet accord, ce mariage fécond du génie anglais et du génie français, est à la fois un des traits les plus saillants et un des faits les plus importants du siècle.

Voltaire, dans un voyage qu'il avait fait auparavant en Hollande, avait été frappé de ce qu'il avait vu dans ce petit pays libre. « Ici, écrivait il, pas un pauvre, pas un petit « maître, pas un insolent. Nous rencontrâmes le grand pen-« sionnaire à pied, sans laquais, au milieu de la populace. « On ne voit personne qui ait de cour à faire, on ne se met « pas en haie pour voir passer un prince ; on ne connaît que « le travail et la modestie. » En arrivant en Angleterre, il devait trouver un spectacle non moins frappant pour un Français de ce temps-là. Il y trouvait une nation se gouvernant elle-même, une république aristocratique avec un roi à sa tête ; il y trouvait pour la loi et pour la liberté des citoyens un respect qu'il avait des raisons personnelles d'aimer et d'admirer. Toutefois ce n'est pas le mécanisme compliqué, le jeu savant de la constitution anglaise qui paraît avoir attiré surtout ses regards : Voltaire n'était pas Montesquieu ; à cette époque, il ne se souciait pas beaucoup de la politique proprement dite. Ce furent d'autres objets qui excitèrent son attention.

Au moment où Voltaire franchit le détroit, la littérature anglaise offrait un contraste remarquable. Les écrivains, épris de cet idéal d'ordre et d'élégance qui avait régné en France sous Louis XIV, s'efforçaient de donner à leurs ouvrages la forme châtiée, la noblesse de style, la tournure académique qui sont le propre des classiques. Ils avaient si bien accepté les préceptes de Boileau qu'ils rabaissaient les mérites de leur théâtre national en l'honneur de Racine et de Corneille et qu'ils coulaient leurs pensées dans le moule de la tragédie française. Mais, à côté de ce respect pour les prescriptions des arts poétiques, de ce goût pour la régularité, ils déployaient une liberté de penser provoquée et soutenue par la liberté de tout dire et de tout écrire qu'avait conquise la dernière révolution; ils faisaient preuve d'une hardiesse de discussion qui ne reculait devant rien et s'attaquait à tous les sujets. S'adressant, non plus à un cercle étroit de lecteurs, mais à un public avide des aliments que lui fournissait la presse périodique, ils avaient su se conquérir à la fois une puissance et une considération qui étaient alors choses toutes nouvelles. Addison, un critique, était devenu ministre. Prior, un poète, avait été envoyé comme ambassadeur en France. Bolingbroke, que Voltaire avait connu sur le continent, s'était à la fois distingué comme chef d'un parti politique et comme écrivain. Swift, l'amer et vigoureux pamphlétaire, avait, armé de sa plume, intimidé et plus d'une fois ébranlé les hommes qui étaient au pouvoir. Voilà ce qui séduisait Voltaire. C'est cet ascendant de l'esprit, cette indépendance d'opinions, ce droit de tout dire qu'il eût voulu naturaliser en France. Mais ce n'était pas tout. Les Anglais, qui avaient oublié, dénigré même à plaisir leur vieux Shakespeare, revenaient peu à peu de ces préventions; ils se reprenaient à l'admirer et à le vanter. Comme Voltaire a fait des tragédies, il lit Shakespeare; comme il a fait un poème épique, il lit Milton. Sans doute le goût classique, dont il est imbu, ferme ses yeux à leurs beautés les plus éclatantes. Mais il ne peut s'empêcher de reconnaître de la grandeur dans ces barbares, et c'est déjà un progrès, quand on songe que au siècle précédent la littérature anglaise était, en France, non pas même dédaignée, mais profondément ignorée. Les contemporains, comme les vieux auteurs de l'Angleterre, fournissent des aliments à son génie, et il y a tel poème philosophique [1] de Voltaire qui n'existerait pas, s'il n'avait connu les ouvrages de Pope, qui

1. *Discours sur l'homme.*

1608 — JOHN MILTON — 1674

1664 — MATHIEU PRIOR — 1721

1667 — JONATHAN SVIFT — 1745

1672 — JOSEPH ADDISON — 1719

1688 — ALEXANDRE POPE — 1744

fut son ami; il y a tel conte fantastique [1] qui ne figurerait pas dans ses œuvres, s'il n'avait eu sous les yeux l'exemple de Swift promenant ses lecteurs et Gulliver dans le pays de Lilliput.

Mais c'est dans le domaine philosophique et religieux que Voltaire trouva le plus d'idées à prendre. La philosophie anglaise a toujours montré de la prédilection pour la méthode expérimentale; elle a toujours mieux aimé marcher pas à pas et terre à terre que s'envoler au milieu des nuages de la métaphysique; elle s'est attachée surtout aux faits, elle s'est appliquée à faire l'analyse de l'esprit humain et l'histoire de nos idées. Ce caractère empirique est ce qui domine dans la philosophie de Locke; il est, sur bien des points, l'adversaire de Descartes, et, tandis que le philosophe français transforme presque l'homme en pur esprit, Locke, tout au contraire, n'hésite pas à émettre des doutes sur la spiritualité de l'âme. Ces doctrines qui, en France, eussent été alors excommuniées, arrêtées dans leur circulation par l'Église et la censure, rencontraient beaucoup d'adhérents en Angleterre et étaient soutenues publiquement. Des systèmes plus éloignés des opinions reçues ne craignaient pas davantage de se montrer au grand jour, et la même hardiesse à choquer les traditions se remarquait en matière religieuse. L'Angleterre n'était pas alors, en effet, comme on l'a vue depuis, la citadelle de l'orthodoxie, un foyer actif de vie religieuse et chrétienne; elle fut, au contraire, l'école de la libre pensée. Ses écrivains furent les premiers à prêcher la religion naturelle, à combattre le dogme au nom de la raison. L'incrédulité, née du conflit terrible des opinions catholiques, anglicanes et puritaines, comptait des partisans aussi brillants qu'audacieux; elle employait comme armes l'éru-

1. *Micromégas*.

dition aussi bien que l'ironie et elle avait fait, dans la haute société, des recrues nombreuses. Voltaire n'avait plus à devenir incrédule, il l'était déjà; mais il avait à s'ériger en missionnaire de la libre pensée, à s'armer de toutes pièces contre la religion catholique; c'est dans les écrits de Shaftesbury, de Bolingbroke, qu'il s'approvisionna d'arguments et de railleries; c'est d'Angleterre qu'il revint prêt à devenir l'apôtre du déisme.

Voltaire, dans les trois années qu'il passe à Londres, développe son génie dans tous les sens. Cet homme, qui pouvait dire de lui-même :

Tous les goûts à la fois sont entrés dans mon âme,

se sent attiré par les sciences comme par les lettres. Son intelligence ouverte s'assimile avec rapidité les théories nouvelles. Il en était une surtout qui ne pouvait manquer de le saisir par sa grandeur : c'était celle qui, par une loi unique, expliquait le mouvement des astres, la chute des corps, le cours des fleuves, le mystère des marées, je veux dire la théorie de la gravitation universelle. Voltaire, pendant son séjour à Londres, en 1727, put assister aux funérailles de Newton ; il vit le convoi conduit par des ministres d'Etat, le cercueil suivi par une foule respectueuse, le corps du grand homme déposé dans l'abbaye réservée aux sépultures royales. Tout plein alors de Newton, il étudiait ses découvertes, il jetait dans la *Henriade* une explication du système du monde et bientôt, dans une épître célèbre (à Uranie), il allait lancer ces vers retentissants :

Confidents du Très-Haut, substances éternelles
Qui brûlez de ses feux, qui couvrez de vos ailes
Le trône où votre maître est assis parmi vous,
Parlez, du grand Newton n'étiez-vous pas jaloux?

Voilà les principales idées que Voltaire récolte en Angleterre. Ces trois années sont une période décisive dans l'histoire de son esprit. La France avait envoyé à l'Angleterre un poète brillant et frivole, un homme de salon qui était le plus éblouissant des causeurs ; l'Angleterre rend à la France un philosophe, un penseur mûri par l'étude et la méditation, plein d'idées qui bouillonnent en lui et attendent qu'elles puissent s'échapper.

Ces trois années si bien remplies furent passées par Voltaire dans un silence laborieux. Il lit, il observe, il voit peu le monde. Ce n'est pas qu'il vive en anachorète ; il fréquente les écrivains les plus connus, Pope surtout ; mais il a fort à travailler. Il apprend l'anglais et le sait assez bien pour écrire en prose anglaise son *Essai* sur la poésie épique ; il achève et publie par souscription sa *Henriade,* qui lui rapporte plus de cent mille livres, noyau de sa fortune future. Mais, si fort occupé que l'on soit, l'on n'oublie pas sa patrie, surtout quand cette patrie est Paris et qu'on s'appelle Voltaire. Le poète avait goûté de l'indifférence humaine dans les premiers temps de son exil ; personne n'avait rien fait pour lui ; je me trompe ; son frère Armand, le janséniste, avait offert, dans une église, un ex-voto pour sa conversion. Mais Voltaire n'était pas homme à s'abandonner lui-même ; il avait trop de ressort pour se décourager ; il ne cessa de préparer son retour, et, en 1729, la permission longtemps attendue arriva enfin. On mettait à ce retour quarante conditions au moins ; il lui était défendu, entre autres choses, de venir habiter à Paris ; mais on se relâcha peu à peu de ce reste de rigueur et l'on finit par pardonner tout à fait à Voltaire d'avoir été battu et mécontent.

CHAPITRE III

CONDITION DES GENS DE LETTRES EN FRANCE AU DIX-HUITIÈME SIÈCLE

Voltaire, de retour dans son Paris, redevient bientôt le poète favori des salons. Les salons jouent, au XVIIIe siècle, un rôle littéraire aussi considérable que les ruelles et les alcôves au début du XVIIe. Ils ont un point commun avec les réunions de la société précieuse : ils sont présidés par quelque femme du monde. Mais il y règne un ton et un esprit très différents : c'est tout le contraire de la pruderie. Les femmes alors s'émancipent ; elles écoutent tout à l'abri de leur éventail et plus d'une dirait volontiers comme l'impératrice Catherine II à Diderot qui hésitait à raconter devant elle une anecdote scabreuse : « Allez, allez, entre hommes tout est permis. » Grande liberté de mœurs, grande liberté de langage et d'idées, voilà ce qui caractérise la plupart des salons du temps. Ce sont des terrains neutres, où grands seigneurs et roturiers se coudoient, où l'art de causer est poussé bien près de sa perfection. Entre tous ces brillants esprits, c'est à qui brillera le plus ; c'est un feu d'artifice perpétuel, un pétillement éblouissant de saillies, de mots spirituels, de pensées neuves et piquantes. On ne saurait désirer plus d'agilité, de finesse, de dextérité. Et qu'on ne s'y trompe pas : la légèreté est à la surface, mais le sérieux est au fond. Les questions qu'on débat le sourire aux lèvres sont de celles qui engagent les plus graves intérêts de l'humanité. La conversation, qui semble un jeu, une fête que se donnent tous ces hommes, est en même temps pour eux une chasse aux idées. C'est là qu'ils disent ce qu'ils n'osent ou ne peuvent pas écrire ; c'est là que des théories, destinées à troubler le monde, essaient leurs jeunes ailes avant de s'envoler dans l'espace. Les salons ne sont donc pas seulement des écoles du bien dire; ils sont aussi pour les écrivains un milieu excitant, électrique, où ils pensent pour le plaisir de penser, où ils se laissent aller à tirer de leur esprit tout ce qu'il contient et à faire en eux-mêmes des découvertes.

Voltaire est au premier rang parmi les charmeurs de l'élégante société. Mais il n'oublie pas pour ces privilégiés le reste du public : il édite ouvrages sur ouvrages avec une verve intarissable; il semble avoir hâte de se décharger de son trop-plein. Il reparaît au théâtre avec *Brutus*, dont le succès se perd bientôt dans l'éclatant triomphe de *Zaïre*. De la poésie dramatique il passe à l'histoire et publie sa vie de *Charles XII*. Puis c'est le pays d'où il vient qu'il veut révéler à la France et il compose ses *Lettres sur l'Angleterre*. Le voilà ensuite qui se fait critique et qui, dans son *Temple du goût*, prétend assigner leur place respective aux écrivains passés et présents. Toutes ces œuvres portent au comble la gloire de Voltaire ; mais chacune est pour lui une source d'avanies et de périls ; chacune le met à deux doigts de l'exil ou de la prison. Exil ou prison, c'est entre ces deux écueils que tout homme de lettres doit passer au XVIIIe siècle !

On pourrait prendre un à un tous les ouvrages de Voltaire. Il n'en est peut-être pas un qui ne lui ait suscité quelque embarras ; et il ne s'agit point ici des critiques malveillantes, des querelles littéraires ; je veux seulement parler des démêlés de l'auteur avec l'Eglise et l'Etat. *La Henriade* a beau prendre pour héros le chef de la dynastie des Bourbons; elle n'échappe pas aux persécutions. Elle est, disent les théologiens, doublement hérétique ; elle est à la fois janséniste et semi-pélagienne. Puis elle condamne la Saint-Barthélemy ; elle ose célébrer Coligny et la reine Elisabeth, des huguenots. Elle est donc criminelle et la cour de Rome fait des démarches pour en arrêter le débit. Elle doit s'imprimer en secret, se vendre en secret, passer en secret d'Angleterre en France, et c'est en servant d'emballage qu'elle évite la douane littéraire qui voudrait l'arrêter. Quoi d'étonnant? dira-t-on. — C'est un poème hostile au catholicisme et Louis XV s'appelle le roi Très-Chrétien. — Mais l'histoire de Charles XII! on ne peut guère lui reprocher d'être entachée d'hérésie. Il est vrai; seulement l'auteur y a mal parlé d'Auguste, électeur de Saxe et roi de Pologne. Toutes les majestés royales sont solidaires et l'on refuse à l'auteur un privilège, on saisit les exemplaires de son ouvrage. *Zaïre* paraît et presque aussitôt on accuse le poète d'avoir fait une *monstrueuse tragédie* capable de ruiner la religion ; il a peint des Musulmans vertueux ; donc c'est un ennemi du christianisme. Le *Temple du goût* n'a pas choqué les dévots, mais il a déplu à certaines vanités qui ne s'y trouvent pas suffisamment bien traitées : l'auteur apprend à ses dépens ce qu'il en coûte de dire son avis, même en matière littéraire; il est menacé d'une lettre de cachet.

Si tel était le déchaînement contre les œuvres les plus innocentes, on peut se figurer sans peine le bruit et les colères qu'excitaient des œuvres où l'auteur osait dévoiler un coin de sa pensée peu favorable à l'Eglise. Quand Voltaire publie ses *Lettres sur l'Angleterre,* il prend toutes les précautions possibles ; il va trouver le cardinal Fleury, il lui lit les passages les plus plaisants, il croit le désarmer en le faisant rire. Mais tout est inutile. L'auteur vulgarise les théories de Locke qui ne sont pas assez spiritualistes. Premier crime! car, ainsi que le dit Voltaire, nos seigneurs les théologiens « sont si sûrs de la spiritualité de l'âme, qu'ils « feraient brûler, s'ils pouvaient, le corps de ceux qui en « doutent ». Voltaire, ailleurs, vante l'inoculation comme préservatif de la petite vérole. La Faculté de théologie proteste : on ne s'attendait guère à voir la Faculté de théologie en cette affaire. Qui se fût douté que l'inoculation pût mériter les foudres de l'Eglise? Il répand les découvertes de Newton! autre crime impardonnable! car il est en avance sur la science officielle qui ne s'est pas encore résignée à cette vérité. Aussi l'ouvrage est-il déclaré « scandaleux, contraire à la religion, aux bonnes mœurs et au respect dû aux puissances. » Il est lacéré, brûlé solennellement. Quant à Voltaire, il risque fort de renouveler connaissance avec la Bastille et il vit dans des transes perpétuelles, poursuivi, caché, toujours un pied levé, prêt à chercher un asile à l'étranger. Pour surcroît de malheur, une malencontreuse *Epître à Uranie*, où il a fait hautement profession de déisme, court le monde manuscrite, et le secrétaire d'un chancelier s'écrie à ce propos : « Il faut enfermer Voltaire « dans un endroit où il n'ait jamais ni plume, ni encre, ni « papier : par le tour de son esprit, cet homme est capable de « perdre un Etat. »

Voltaire n'a pas, du reste, le privilège de ces persécutions. Il faut alors se taire ou bien dire que tout est pour le mieux dans le meilleur des Etats possibles. Sinon, l'on est coupable et, partant, voué aux violences capricieusesd'un despotisme intermittent. Il n'est pas un livre considérable qui se dérobe aux arrêts de la Sorbonne ou de la censure officielle. On supprime l'ouvrage en le brûlant, on supprime l'écrivain en l'emprisonnant ou en le forçant à s'enfuir. De tous côtés des pièges attendent l'imprudent qui a l'audace de penser et de parler. L'abbé de Saint-Pierre déclare en pleine Académie que Louis XIV n'a peut-être pas été un monarque parfait : on l'en expulse comme un criminel. Un autre académicien (La Bletterie) écrit que Julien l'Apostat, jugé au point de vue du monde, a eu des vertus et des talents : il est chassé non moins honteusement. Imbert, dans ses *Lettres sur l'Espagne*, a reproché à un roi de ce pays d'être trop grand chasseur : à la Bastille le téméraire ! car Louis XV est grand ami de la chasse : le reproche a pu l'effleurer. Fréret, un de ces érudits qui déchiffraient patiemment l'énigme du passé, a trouvé dans de savantes recherches sur l'histoire de France que les premiers rois francs ont reçu des empereurs romains le titre de patrice : à la Bastille lui aussi ! Car il est humiliant pour le roi de France qu'un de ses prédécesseurs ait pu paraître l'inférieur d'un souverain étranger.

Ce n'est pas chose facile alors d'écrire l'histoire. Un continuateur du vieux de Thou (Lenglet du Fresnoy) s'est permis de blâmer un acte du gouvernement : le livre est supprimé, brûlé, suivant l'usage ; quant à l'auteur, on le laisse, durant huit ans, dans un cachot de huit pieds carrés. Le talent et la réputation ne sont point des sauvegardes contre ces violences. Quand Diderot écrit sa *Lettre sur les aveugles*, où il n'est pas d'accord avec la philosophie courante et l'orthodoxie catholique, on l'enferme au donjon de Vincennes. Parcourons le siècle d'un bout à l'autre, suivons l'ancienne monarchie jusqu'à la mort de Voltaire, jusqu'à la veille de sa ruine ; ce sont toujours les mêmes procédés expéditifs. Une ordonnance royale de l'année 1757 ira jusqu'à condamner à mort tout auteur d'écrit tendant à émouvoir les esprits, et, si les mœurs répugnent à l'application de cette loi de sang, il se trouve pourtant des magistrats pour regretter qu'on ne brûle que les livres.

C'est au nom du respect dû aux puissances qu'on commet tous ces actes et bien d'autres pires encore : un jour paraît dans Paris une satire anonyme qui blesse quelques personnes de la cour ; sans connaître l'auteur, on sait qu'il est l'ami de Marmontel ; on arrête celui-ci, on le presse de questions et, comme il se refuse à devenir délateur, on l'embastille. Le même Marmontel, dans son conte de *Bélisaire,* se permet de donner des conseils aux rois et de prêcher la tolérance. La Sorbonne y relève trente-sept propositions condamnables et celle-ci entre autres : On n'éclaire pas les esprits avec des bûchers. Un prince, celui qui sera plus tard Charles X, dit de l'auteur qu'il faudrait fustiger ce cuistre, et celui qui devait, dans la suite, s'appeler Louis XVI s'écrie que, s'il était roi, il le ferait pendre. Lorsque, au 14 juillet 1789, le peuple prit et démolit cette Bastille détestée, où tant d'hommes de cœur et de talent avaient été enfermés, on en vit sortir un vieillard tout courbé, tout cassé, une ombre d'homme dont les yeux ne pouvaient plus supporter l'éclat du grand jour : il s'appelait Leprévost de Beaumont et languissait là depuis vingt et un ans pour avoir dénoncé à l'indignation publique le pacte de famine, c'est-à-dire les honteux trafics de Louis le Bien-Aimé, affamant ses sujets pour gagner quelques milliers d'écus. Tel était alors le prix de la franchise ; tel était le sort qui menaçait tout homme de lettres. Qui, en effet, pouvait être sûr de ne jamais offenser un despotisme à mille têtes ? Qui pouvait se promettre de ne jamais déplaire à un duc, à un évêque, à une favorite ? Or il n'en fallait pas davantage. Une lettre de cachet était lancée et l'on disparaissait sans bruit, sans jugement, pour des mois, des années ou pour l'éternité.

Déjà, dès la fin du règne de Louis XIV, Labruyère sentait peser sur la pensée cet arbitraire qui l'étouffait ; il remar-

SORTIE DES PRISONNIERS DE LA BASTILLE
14 juillet 1789.

quait avec mélancolie qu'à un homme, né Français, les grands sujets étaient interdits. C'est là une plainte qui revient souvent sous la plume des écrivains du XVIIIe siècle, et, en effet, défense formelle est faite de s'occuper de toute matière touchant à l'administration, au gouvernement, à la politique, à la religion. Aussi, en 1770, Duclos, le moraliste, pouvait-il dire à ses amis : « Messieurs, parlons de « l'éléphant. C'est la seule bête un peu considérable dont « on puisse parler sans danger. »

On s'étonne parfois de la fureur de démolition qui emportait les hommes du XVIIIe siècle contre les bases mêmes de la société où ils vivaient. Il me semble qu'après cela elle s'explique d'elle-même. On comprend comment Voltaire et tous les penseurs du temps furent les ennemis d'un régime qui autorisait de pareilles choses. On comprend surtout comment leur haine se tourna d'abord et avant tout sur l'instigatrice de ces persécutions, je veux dire sur l'Eglise; c'est elle, en effet, qui, sans cesse aux aguets, dénonçait à l'Etat toute opinion nouvelle, le provoquait à sévir, empêchait de toutes ses forces l'émancipation de la pensée. Voilà ce qu'il ne faut jamais oublier, quand on étudie le XVIIIe siècle et qu'on veut, comme le doit l'historien, éclairer les faits en les rattachant à leurs causes. Il ne suffit pas de savoir qu'il fut un siècle révolutionnaire : il faut savoir aussi pourquoi il le fut.

Cette alliance du pouvoir spirituel et du pouvoir temporel contre tout essai de discussion, contre toute velléité d'indépendance, explique encore un des caractères les plus frappants de la littérature d'alors. L'abbé Galiani, un spirituel Napolitain qui passa une bonne partie de sa vie à Paris, définissait alors l'éloquence, « l'art de tout dire sans aller à la Bastille ». Il s'en faut, en effet, de beaucoup que la perspective de la prison ou la prison même ferme la bouche à ceux qui ont quelque chose à dire. L'abbé Morellet, mis à la Bastille, comme tant d'autres, pour intempérance de plume, y commence son traité sur la liberté de la presse. Mirabeau, plus tard, enfermé au donjon de Vincennes, y écrit contre les lettres de cachet qui l'y ont jeté.

Toutefois, comme la plupart des écrivains n'ont ni la vocation du martyre ni la patience de se taire, ils recourent pour exprimer leurs idées à toute espèce de stratagèmes et de supercheries. Ils procèdent par allusions, par allégories ; ils mettent la critique des abus existants dans la bouche de Persans, de Juifs, de Chinois ; ils prêtent aux personnages de leurs tragédies ou de leurs romans les maximes hardies qu'on ne leur eût pas permises à eux-mêmes. Cette précaution n'était pas toujours suffisante. Alors ils font imprimer leurs ouvrages à l'étranger, ou bien, quand l'édition s'est faite en secret à Paris, ils la datent néanmoins d'Amsterdam, de Genève, de Cologne. Une quantité d'ouvrages paraissent sans nom d'auteur ou sous un faux nom. Voltaire, à chaque instant, renie ses enfants les plus authentiques : il les attribue libéralement à quelque mort célèbre ou, au besoin même, à quelque vivant obscur ; il a en sa vie employé plus de cent cinquante pseudonymes ; il a mis à contribution et ses amis et ses adversaires. Avec cela il jette les hauts cris, quand on prétend reconnaître sa touche dans quelque écrit dangereux ; il proteste de son innocence, il se plaint à tout venant qu'on le calomnie. Personne n'est dupe ; mais on n'a point de preuves, et il échappe. C'est là une tactique qui lui est familière et dont il rit avec ses amis. Il écrit, par exemple, à d'Alembert : « Dès qu'il y aura le « moindre danger (il s'agit du *Dictionnaire philosophique*), « je vous demande en grâce de m'avertir, afin que je désa- « voue l'ouvrage dans les papiers publics avec ma candeur « et mon innocence ordinaires. »

Dans cette guerre de tous les instants avec un pouvoir ombrageux, toutes les ruses lui paraissent bonnes. Quand il fait jouer sa tragédie de *Mahomet,* ceux qui savent lire entre les lignes découvrent dans cette peinture peu flattée d'un fondateur de religion un dessein caché ; ils font remarquer que le nom de Mahomet a précisément le même nombre de syllabes que celui de Jésus-Christ et que, dans les vers du poète, on pourrait aisément remplacer l'un par l'autre. Voltaire cherche un moyen de détourner l'orage. Il écrit alors à l'un de ses amis : « Je la dédierai au pape qui me fera évêque *in partibus infidelium*, attendu que c'est là mon véritable diocèse. » — Et ce n'est pas là une boutade en l'air. Il s'adresse au pape Benoît XIV qui se définissait lui-même un bonhomme ; il lui dédie la pièce incriminée ; il compose deux vers latins en son honneur ; il obtient de lui une réponse amicale et deux médailles bénites qui lui permettent de s'intituler « sujet très chrétien du roi très chrétien ». Le tour est joué, le voilà pour le moment à couvert. Voltaire a toujours bien soin de ménager les princes de l'Eglise, il flatte les cardinaux aussi bien que les autres puissances du monde. Le roi, les ministres, même le cardinal Dubois, reçoivent de lui les adulations les plus fortes. Les favorites, qui se succèdent dans les bonnes grâces de Louis XV et la direction des affaires, trouvent en lui un courtisan plein de souplesse. Il est des premiers à saluer l'avénement de celle que Frédéric II nommera Cotillon III, Madame de Pompadour. Il lui dédiera plus tard sa tragédie de *Tancrède.* La sécurité ne lui semble pas achetée trop cher au prix d'un madrigal.

A ceux qui lui reprochent son humeur courtisanesque, il répond en plaisantant : « Quand on n'a pas cent cin- « quante mille hommes, il faut bien plier devant ceux qui « sont les plus forts. »

Peu nombreux sont ceux qui peuvent lui faire la leçon à cet égard; car tous ses contemporains usent de ressources du même genre; témoin Montesquieu, un des plus fiers pourtant parmi les grands hommes du XVIIIe siècle; c'est par contrebande qu'il entre à l'Académie. Les *Lettres persanes* lui en ouvraient et fermaient à la fois les portes. Elles étaient trop spirituelles pour qu'on le laissât dehors, trop hardies pour qu'on l'admît dans le sanctuaire. N'y avait-il pas dit, entre autres choses, que le pape n'était qu'une vieille idole encensée par habitude; que la religion catholique n'avait pas plus de cinq siècles à vivre en Europe? Le cardinal de Fleury avait déclaré que jamais l'élection d'un homme ayant proféré de pareilles hérésies n'aurait l'approbation royale. Que fait Montesquieu? Il fait imprimer une édition spéciale de son livre où il adoucit ou retranche tout ce qui pourrait blesser le cardinal-ministre. Il la lui porte lui-même, prétend qu'il a été calomnié, prie le cardinal de vérifier lui-même et il entre à l'Académie. Il n'est guère d'écrivain qui n'ait alors sur la conscience quelque tromperie semblable. Quand Diderot était cité par devant le lieutenant de police pour rendre compte de quelque page trop hardie qui lui était échappée, son excuse habituelle était qu'on lui avait volé son manuscrit. On l'acceptait pour ce qu'elle valait; on se contentait de ce désaveu sans en croire un mot, comme le prouve cette réplique que lui fit un jour le magistrat en question : « A l'avenir, je vous défends d'être volé! »

Il y avait ainsi des accommodements avec la loi. Ceux qui étaient chargés de l'appliquer laissaient souvent échapper ceux qui la violaient à travers les mailles du filet. Malesherbes, qui fut longtemps directeur de la librairie, se distingua surtout par sa facilité. Un jour, il fait venir Diderot; il lui annonce que, par son ordre, une perquisition va s'opérer à son domicile, que ses papiers vont être saisis, qu'il n'a que le temps de les dérober aux recherches. Diderot, pris à l'improviste, avoue qu'il ne sait où les cacher : « Envoyez-les chez moi, » reprend Malesherbes. Ainsi fut fait, et les papiers suspects furent introuvables. Il est donc vrai que, parfois, les mesures prises contre les écrivains dégénéraient en véritable comédie. Mais il ne fallait pas se fier à ces capricieux accès d'indulgence, et c'est pourquoi, le plus souvent, ils aimaient mieux déguiser leur pensée ou leur nom pour conjurer les sévérités toujours suspendues sur leur tête.

Certes, on peut rêver pour les gens de lettres un rôle plus grand, plus honorable ; mais, s'ils ont coutume alors de prendre un masque, à qui la faute, sinon au pouvoir inquiet et jaloux qui les force à choisir entre la prison et le mensonge? Du reste, ce que leur caractère perd en noblesse et en franchise dans cette lutte inégale avec le gouvernement, leur vie le gagne en indépendance et en dignité. Arrière les largesses royales ou princières payées en flatteries ! Arrière les protections mendiées et la servilité de la littérature officielle! Les écrivains font l'apprentissage de la liberté ; ils commencent à se suffire ; ils essaient de vivre de leur travail. Au début du siècle, on les traite encore en pauvres honteux. Au temps où l'abbé de Bernis préludait par des vers galants à ses futures fonctions de cardinal et de ministre, il lui arrivait de s'attarder dans quelque maison où il était invité ; on lui mettait alors dans la main un écu de trois livres qu'il prenait fort volontiers : c'était de quoi payer son fiacre. Madame de Tencin réunissait dans son salon bon nombre d'auteurs qu'elle appelait « ses bêtes » ; et tous les ans, pour étrennes, elle donnait à chacun de ses familiers deux aunes de velours pour se faire une culotte.

Mais c'étaient là de vieilles habitudes qui disparaissaient peu à peu. On offrait une pension à Montesquieu. « N'ayant pas fait de bassesses, répondait-il, je n'éprouve pas le besoin d'être consolé par des grâces. » Voltaire fait plus encore ; loin d'être pensionné par les grands seigneurs, il leur prête de l'argent qu'ils daignent accepter et ne pas rendre. Calcul très politique; il les tient par une chaîne dorée, il devient bien plus que leur ami : leur créancier. On est parfois étonné, en parcourant sa vie, de l'habileté que le poète montra en qualité d'homme d'affaires ; on est même fâché de le voir figurer en compagnie de traitants peu scrupuleux, se métamorphoser comme eux en fournisseur de l'Etat, et grossir sa fortune avec autant d'ardeur que sa renommée. On lui a reproché maintes fois d'avoir été un financier âpre au gain et mêlé à des spéculations suspectes. Ce reproche n'est pas immérité. Sans qu'on puisse accuser son honnêteté, il faut reconnaître en lui un désir très vif d'être riche et une application très forte à le devenir. C'est que, en effet, c'était pour lui une question presque vitale. La richesse, c'était l'indépendance, la sécurité, le droit d'avoir son franc parler. C'est pourquoi il fit fructifier avec tant de soin l'héritage de son père et l'argent que lui avaient rapporté ses premiers ouvrages; c'est pourquoi il se constitua de tous côtés des rentes viagères, laissant croire et croyant sans doute qu'il avait peu de temps à vivre, puis jouant à ses débiteurs le tour de les enterrer. Quand il se décida enfin à mourir, il laissa des biens qui s'élevaient à plus de trois cent mille livres. C'était rompre brillamment avec la tradition du poète hâve, crotté, famélique et porté par Pégase à l'hôpital.

Ce qui permettait aux écrivains de se conquérir ainsi une position meilleure, c'était l'élargissement du public auquel ils s'adressaient. Un livre nouveau n'était plus fait seulement pour la cour et pour quelques lettrés de Paris; il avait des lecteurs dans toutes les villes de France et l'on peut dire dans toutes les villes d'Europe; les étrangers n'étaient pas les moins friands des hardiesses philosophiques qui surgissaient en France; il se formait peu à peu un vaste tribunal pour juger les œuvres de l'esprit, un public immense qui décuplait, soit en gloire, soit en argent, la rémunération de l'auteur. Par suite, l'ascendant des écrivains s'étendait partout; ils devenaient une puissance. Cet avénement de la littérature au rang de force respectée et redoutée est un des grands faits du siècle, et c'est en Voltaire que s'incarne avec le plus d'éclat cette chose nouvelle, la royauté de l'esprit.

CHAPITRE IV

VOLTAIRE A LA COUR ET A CIREY

1730-1749

Cette excursion à travers le XVIIIe siècle n'est pas une digression. Pour comprendre Voltaire, il faut connaître le milieu où il a vécu. Reprenons maintenant la suite des événements qui composent sa vie.

En 1733, Voltaire se trouve en relations intimes avec une femme qui tient dans sa vie une place considérable. C'est la marquise du Châtelet. La belle Emilie, comme Voltaire l'appelle galamment, n'était peut-être pas très belle, à en croire surtout ses bonnes amies, qui, suivant l'usage, l'ont déchirée à belles dents. Mais c'était une femme fort intelligente et fort instruite. Elle avait tâté du latin, puis elle s'était lancée dans l'étude des mathématiques et du système de Newton. Elle aimait aussi à observer les astres et ne craignait point d'envoyer à l'Académie des sciences des mémoires qui faillirent être couronnés. Il ne faut pas toutefois se la figurer comme une des femmes savantes de Molière, pédante, maniérée, occupée uniquement de ce qui se passe dans la lune, braquant toujours contre le ciel

Quelque grande lunette à faire peur aux gens.

Elle aimait autant le théâtre que la géométrie, le monde que la retraite. — Comme le disait Voltaire :

Tout lui plaît, tout convient à son vaste génie :
Les livres, les bijoux, les compas, les pompons,
Les vers, les diamants, le biribi, l'optique,
L'algèbre, les soupers, le latin, les jupons,
L'opéra, les procès, le bal et la physique.

Madame du Châtelet, dont Voltaire énumérait ainsi les goûts, se plaignait pourtant qu'il n'eût pas tout dit :

Hélas! vous avez oublié,
Dans cette longue kyrielle,
De placer la tendre amitié.
Je donnerais tout le reste pour elle.

Ce n'était point seulement une réponse ingénieuse : c'était l'expression d'une vérité. Madame du Châtelet avait un caractère passionné. Trahie par un homme qu'elle aimait, elle avait pris du poison, et n'avait été sauvée qu'à grand'peine. Aussi, une fois qu'elle s'est éprise de Voltaire, elle apporte dans cette liaison une ardeur, un dévouement, une tendresse sans cesse éveillée. Quant à Voltaire, il a pour lui cet entrain, cette gaîté, cet enjouement qui le rendaient le plus séduisant des causeurs. Ce n'est plus un jeune homme alors. Il a quarante ans, et il peut écrire à son amie dès le début :

Si vous voulez que j'aime encore,
Rendez-moi l'âge des amours.

En dépit de sa jeunesse déjà envolée, en dépit ou peut-être à cause même de l'opposition de leurs caractères, Voltaire et la belle Emilie se prirent l'un pour l'autre d'une affection vive et durable. Quand Voltaire, pour une des incartades de sa plume incorrigible, croit prudent de quitter une fois de plus Paris, c'est chez la marquise du Châtelet qu'il se retire. Le mari ne quittait pas l'armée ; il laisse paisi-

NEWTON
NÉ A WOOLSTHORPE
LE XXV DÉCEMBRE MDCXLII
MORT A LONDRES
LE XX MARS MDCCXXVII

blement Voltaire s'établir à sa place dans son château de Cirey. Cirey, réparé, embelli aux frais de la marquise, devient alors pour celui-ci l'asile le plus agréable et le plus commode. Le château est à la frontière de la Lorraine, précieux avantage! car, survient-il quelque péril; le poète est-il menacé pour son poème licencieux et satirique sur la *Pucelle d'Orléans!* il n'a qu'un pas à faire et le voilà hors de France, attendant patiemment que l'orage soit passé.

Dans les moments de calme, il trouve dans ce château une solitude féconde, non pas une solitude de chartreux; car on reçoit des amis, on les fête, on leur donne la primeur des pièces qu'on compose, on improvise en leur honneur des soirées musicales et littéraires, on ne les laisse partir qu'enchantés de l'amabilité de leurs hôtes; mais les plaisirs mondains ne sont qu'une distraction dans une vie de travail sévère. Voltaire compose alors tragédies, comédies, romans, histoires, traité de métaphysique; puis, comme la belle Emilie met parfois sous clef les ouvrages poétiques qui lui semblent frivoles, Voltaire s'engage sur ses pas dans les sentiers ardus de la science. Il fait des expériences de physique, il adresse à l'Académie un mémoire sur le feu, qui, paraît-il, contient des choses remarquables pour le temps et fait de lui un précurseur de la chimie moderne. Il s'assimile surtout avec une merveilleuse facilité les théories de Newton et les expose avec une lucidité qui les met à la portée des plus ignorants. Il se révèle admirable vulgarisateur et l'on peut dire que l'influence exercée sur lui par madame du Châtelet rendit ainsi de grands services à la diffusion des découvertes récentes.

Voltaire a Cirey pour quartier général durant quinze ans environ. Mais sa mobilité naturelle l'entraîne à chaque instant, tantôt à l'étranger, tantôt à Paris. Il est pris alors d'ambition, il veut faire figure à la cour, il rêve même de jouer un rôle politique. Il s'insinue à Versailles, dans l'entourage du roi ; il le traite effrontément de Trajan ; il flatte en même temps la reine et la favorite; il chante la victoire de Louis XV à Fontenoy, et il s'écrie :

L'œil du maître peut tout : c'est lui qui rend la vie
Au mérite expirant sous la dent de l'envie;

il compose pour le divertissement de Sa Majesté de tristes opéras qui s'appellent la *Princesse de Navarre* et le *Temple de la Gloire*. Il obtient ainsi quelques succès sur le terrain glissant de la cour. Il a la joie d'être envoyé près de Frédéric II, roi de Prusse, en mission secrète ; il est nommé historiographe du roi, et, en cette qualité, il écrira une *Histoire de Louis XV*, qui prouve la différence profonde qu'il y a entre un historiographe et un historien; non content d'être quelqu'un, il se croit un moment destiné à devenir quelque chose, un ambassadeur, une espèce de ministre ! Profitant de la faveur qui le soutient, il enlève de haute lutte son élection à l'Académie française. Voltaire, à cette époque, effaçait depuis longtemps tous les écrivains que possédait la France; mais il n'était pas de l'Académie. — Qui donc en est ? s'écriait un prince allemand à ce propos. Ceux qui en étaient, c'étaient des gens pieux, amis du trône et de l'autel, qui faisaient parler d'eux le moins possible ; ou bien des rivaux jaloux, offusqués d'une gloire qui les reléguait dans l'ombre. Toujours est-il que Voltaire avait été repoussé et un M. de Boze, académicien, s'il vous plaît, un de ces immortels qui sont morts déjà de leur vivant, avait lancé cet arrêt méprisant : « M. de Voltaire ne sera jamais un sujet académique. » Voltaire le fit mentir. Il tenait à ce titre qui lui semblait une sauvegarde contre les entreprises du pouvoir ou de l'Eglise. Il ne négligea rien, je ne dis pas pour le mériter, mais pour l'obtenir. Il protesta de son orthodoxie, de son respect pour la religion et le Saint-Père; il extorqua de ses anciens maîtres, les Jésuites, des déclarations en sa faveur; il se recommanda au confesseur du roi; enfin il força l'entrée du sanctuaire, il fut admis et put, dans son discours de réception, verser sur la tête du roi le déluge des adulations consacrées. Il s'écriait : « Puissé-je lire au « pied de sa statue ces mots qui sont dans mon cœur : « Au père de la patrie! » C'était là une énorme flatterie; mais il la croyait placée à gros intérêts, et, la même année (1746), Voltaire devenait en effet gentilhomme ordinaire de la chambre du roi.

Il se voyait déjà lancé dans une carrière toute semée d'honneurs. Mais il dut bientôt rabattre de ses illusions. Voltaire n'était pas fait pour réussir à la cour de Louis XV. Ce Louis le Bien-Aimé, qui fut un si pauvre roi, avait peur de l'esprit des autres; timide et taciturne, il était effrayé de cet homme toujours en mouvement; il professait, du reste, un profond dédain pour les gens de lettres, il était indigné à la pensée que son cousin le roi de Prusse admettait à sa table de pareils personnages. « Quoi donc! disait-il, Fontenelle, Voltaire, Destouches, Montesquieu, Crébillon, tout cela aurait dîné ou soupé avec moi! » Il eût fallu beaucoup de circonspection à Voltaire pour triompher d'un pareil parti-pris. Mais ce n'était pas là sa qualité ou son défaut, comme on voudra. Il lui échappait des choses terribles. Un soir que madame du Châtelet perdait au jeu de grosses sommes, Voltaire crut s'apercevoir que les courtisans qui jouaient contre elle corrigeaient la fortune, comme on disait honnêtement pour déguiser une chose peu honnête. Il eut l'imprudence de le dire tout haut, puis il s'enfuit épouvanté et, de plusieurs semaines, il n'osa reparaître. Une autre fois, (c'était au moment où Louis XV venait de conquérir, par l'entremise de ses généraux, tous les Pays-Bas), Voltaire, adressant un madrigal à madame de Pompadour, le terminait par une flatterie qui, suivant lui, devait faire coup double. Il disait en parlant d'elle et du roi :

Soyez tous deux sans ennemis
Et gardez tous deux vos conquêtes.

On trouva le parallèle inconvenant, et le parti de la reine, qui détestait naturellement tous ceux qui flattaient la Pompadour, voulait en faire punir l'auteur. Il avait du moins, en cette occasion, une protectrice; mais le roi, qui trouvait moyen d'être à la fois dévot et le débauché que chacun sait, ne pouvait pardonner au poète ses irrévérences sur la religion. La reine sur ce point était encore plus intraitable et un peu plus tard, apercevant à l'étalage d'un libraire le poème de Voltaire sur *La religion naturelle,* elle le déchira de ses propres mains.

Voltaire déploya donc en vain les talents qu'il avait pour être courtisan. Il lui manquait les plus nécessaires de tous : une souplesse à toute épreuve, un effacement complet devant le maître, un détachement absolu de toute opinion personnelle. Il se sentait mal à l'aise dans un endroit où il était défendu de parler et même de penser; il s'en dégoûta vite et, dès l'an 1747, il ne parut plus guère à la cour de France. « De tout le temps que j'ai perdu en ma « vie, écrivait-il plus tard, c'est sans doute celui-là que je « regrette le plus. »

Voltaire ne renonça pourtant pas dès lors à figurer dans les cours. Il en était une où il se trouvait moins gêné. C'était celle de Stanislas Leczinsky, roi détrôné de Pologne, et duc régnant de Lorraine. Stanislas s'était fait aimer de tout le monde dans le pays où il avait été transplanté ; c'était un prince bourgeois, bonhomme, ami de la simplicité au point qu'il n'avait pas même un maître des cérémonies. Ses flatteurs le surnommaient Henri IV ; ses sujets l'appelaient le bon roi Stanislas. Sa petite cour de Lunéville n'était pas toujours des plus gaies et des plus brillantes. Aussi était-ce pour lui une bonne fortune d'avoir dans son voisinage deux personnages illustres, comme Voltaire et madame du Châtelet. Il ne négligea rien pour les attirer et ces deux étoiles vinrent plus d'une fois briller dans son entourage.

Ces séjours répétés auprès du duc de Lorraine amenèrent un changement fort grave dans les relations du docte couple. Il se trouvait parmi les officiers du duc un homme d'esprit, qui était poète à ses heures et poète assez médiocre, mais qui était en revanche causeur charmant et fort beau garçon. C'était Saint-Lambert, futur auteur d'un mauvais poème sur *Les saisons*. Il vint papillonner autour de la divine Emilie. Or, depuis longtemps, celle-ci souffrait de la tiédeur de Voltaire; elle se sentait dans le cœur un vide profond. Saint-Lambert se présentait à point pour combler ce vide; il était jeune, galant, empressé; il prit tout doucement dans l'affection de la marquise la place que Voltaire y occupait.

Passé du premier rang au second, Voltaire continuait à vivre tranquillement à Cirey; mais un terrible accident vint l'arracher à son existence paisible et le rejeter dans les aventures. Madame du Châtelet mourut (septembre 1749) en mettant au monde une petite fille. Voltaire fut désespéré. Malgré de petits orages, qui troublaient de temps en temps leur intimité, il était resté fort attaché à cette femme dont il avait été si sincèrement aimé. Il écrivit une épitaphe dont l'exagération même prouve l'étendue de son affection pour elle :

> L'univers a perdu la sublime Emilie;
> Elle aima les plaisirs, les arts, la vérité.
> Les dieux, en lui donnant leur âme et leur génie,
> N'avaient gardé pour eux que l'immortalité.

Penser avec solidité
Et d'un stile brillant et sage,
Oser ecrire avec courage,
Ce que le genie a dicté,
Etre femme, avoir en partage,
Et la grandeur, et la bauté
Sans etre vaine ny volage
Sur les hommes en verité
Cest avoir pris trop d'avantage

VERS ÉCRITS PAR VOLTAIRE AU VERSO D'UN MÉMOIRE
DE MADAME D'ÉPINAY SUR LA THÉORIE DE NEWTON

Sa douleur exaltée se calma pourtant peu à peu. Ce qui aida surtout à le consoler, ce fut, paraît-il, la découverte dans les papiers de la morte de certaines lettres adressées à Saint-Lambert. Madame du Châtelet y sacrifiait avec trop de désinvolture son ancienne idole à la nouvelle, et le poète dut sentir saigner son amour-propre en s'y voyant malmené de la belle manière. Il ne cessa toutefois de parler d'elle sur le ton du regret et, si sa vie agitée vint bientôt apporter mille distractions à son chagrin, il garda du moins le meilleur souvenir des années qu'il avait passées à Cirey.

C'est en effet une des périodes les plus fécondes de la carrière de Voltaire. L'influence que madame du Châtelet exerça sur lui fut, en somme, salutaire ; non-seulement elle empêcha cet esprit mobile, ce caractère impétueux de commettre des folies qui auraient pu être irréparables, mais elle accrut la somme des connaissances qu'il possédait, elle détourna son attention vers des sujets graves et sérieux où se renforça son intelligence, elle le poussa à sonder les mystères de la science et de la philosophie, elle fut enfin pour son talent un excitant perpétuel et c'en est assez pour que son nom occupe une place importante dans la biographie du poète.

CHAPITRE V

ENNEMIS ET AMIS DE VOLTAIRE PENDANT SA JEUNESSE

Avant de suivre Voltaire dans sa course à travers le monde, quand il fut obligé de quitter Cirey, il nous faut revenir sur nos pas et voir quels ont été ses ennemis et ses amis durant cette première partie de sa vie (jusqu'en 1749).

Les ennemis n'ont pas manqué à Voltaire et je ne sais pas quel grand homme a pu jamais s'élever impunément au-dessus de ses contemporains. Mais Voltaire, plus que tout autre, a rencontré sur sa route des haines acharnées et on le comprend sans peine, quand on connaît ses ouvrages et son caractère. Il va sans dire que les dévots, ou simplement les gens religieux, ne pouvaient guère accueillir avec plaisir les railleries lancées sur ce qu'ils avaient de plus cher ; aussi l'aversion qu'ils avaient pour les idées de l'auteur remontait-elle jusqu'à l'auteur lui-même et plus d'un pamphlet pieux venait-il émouvoir sa bile. Toutefois, jusqu'au milieu du siècle, Voltaire a la prudence de garder encore des ménagements ; il n'ose pas encore dire tout ce qu'il pense et ce n'est pas parmi les gens d'Eglise qu'il rencontre alors ses adversaires les plus violents ; c'est parmi ses confrères, les gens de lettres.

A quoi attribuer les querelles très vives où il se trouve alors engagé ? A l'envie d'abord, à la jalousie de ceux qui échouent contre celui qui réussit, au ressentiment de médiocrités vaniteuses qui se sentent vaincues et considèrent la gloire d'autrui comme un vol fait à eux-mêmes. C'est là une chose qui s'est vue de tout temps. Mais ce n'est pas assez pour expliquer le déchaînement persévérant dont Voltaire fut victime. Il aurait pu dire, comme Beaumarchais plus tard : « Ma vie est un combat, » et ses ouvrages de polémique tiennent plusieurs volumes. Il faut que par quelque côté il ait provoqué des colères si nombreuses et si persistantes.

On a parlé, il y a bien des siècles déjà, du « genus irritabile vatum ». Eh bien! si quelqu'un eut jamais droit par son caractère de prendre rang parmi cette gent irritable, ce fut, à coup sûr, Voltaire. Il était nerveux, passionné à l'excès. Quand il assistait à la représentation d'une de ses pièces, c'était un supplice d'être son voisin. Il écoutait d'abord avec assez de calme; puis peu à peu il s'allumait; il s'agitait sur son siège, se levait, se rasseyait, poussait de sourdes exclamations, finissait quelquefois par lancer quelque vive apostrophe aux acteurs ou au public. Un jour, dans un théâtre de société, on représentait *Zaïre;* il jouait lui-même et venait de quitter la scène; mais à peine est-il dans la coulisse qu'il veut juger de l'effet des vers qui suivent; il tend l'oreille, il est gagné par le talent de l'acteur, il s'approche, il s'approche si bien qu'au moment où Orosmane va poignarder Zaïre, l'acteur a entre lui et l'actrice Voltaire en personne. On peut juger de l'effet : toute la salle éclata de rire. On sait ce que Voltaire disait à une actrice : Pour bien jouer, il faut avoir le diable au corps. — Il avait, lui, non pas le diable, mais une légion de diables au corps.

Toujours en action, toujours en fièvre, il ne connaissait guère ce qu'on appelle le sang-froid. Un rien suffisait pour mettre hors de lui cet être nerveux et colère. A peine son épiderme trop sensible avait-il été touché ou effleuré par quelqu'un de ses adversaires, qu'il ne se connaissait plus.

Il bondissait sous le coup de l'injure reçue; il criait à l'assassin pour la moindre égratignure, il ne rêvait plus que vengeance, et lui qui sentait si finement le ridicule quand il s'agissait de faire rire des autres, il en perdait le sentiment dans les excès comiques où l'emportait sa fureur. Ses amis s'en moquaient doucement; ils essayaient de tempérer ces vivacités ; mais elles étaient peut-être une des conditions du génie de Voltaire et ils ne pouvaient y réussir. Elles durèrent jusqu'à la fin de sa vie. Déjà vieux, il jouait souvent aux échecs avec un ex-père jésuite qui s'appelait Adam. « Si ce n'était pas », comme disait Voltaire, » le premier homme du monde, il était du moins très fort aux échecs ». Quand Voltaire s'apercevait que la partie allait mal pour lui, il commençait à remuer, à se démener sur sa chaise, puis il entonnait un petit *turlututu* qui n'était pas un chant de triomphe; le père Adam savait ce que cela voulait dire; il n'avait que le temps de s'enfuir; sinon, il recevait en pleine poitrine toutes les pièces de l'échiquier que Voltaire renversait dans un mouvement d'impatience.

Avec un caractère aussi bouillant, le poète offrait beau jeu aux attaques de ses adversaires! Mais il n'était pas précisément un mouton; il avait bec et ongles; il rendait coups pour coups et avec usure; il était passé maître dans l'art de railler les gens et aucun de ceux qui eurent à combattre contre lui ne put se vanter d'être sorti de la lutte victorieux. Ce sont pourtant là de tristes victoires. Il n'y a rien à gagner avec ceux qui n'ont rien à perdre. On regrette qu'un homme comme lui soit descendu à ferrailler contre le premier venu, qu'il ait oublié plus d'une fois sa dignité dans l'ardeur de la bataille, qu'il ait fait appel non-seulement à toutes les ressources de son esprit, mais à toutes les sévérités du pouvoir contre de pauvres hères qu'il aurait dû mépriser. Il semble parfois s'armer du tonnerre pour écraser un vermisseau. Buffon, qui ne faisait pas tant d'honneur à ses adversaires, disait dans une circonstance semblable : « Chacun a sa délicatesse d'amour-propre. La mienne va jusqu'à croire que certaines gens ne peuvent pas même m'offenser. » Tout au contraire, l'irascible poète, apprenant qu'on allait jouer à Paris une parodie de sa tragédie de *Sémiramis*, jetait feu et flammes; il écrivait aux ministres, au lieutenant de police; il transformait la chose en affaire d'État; il faisait craindre que la tranquillité du royaume ne fût troublée, si l'on permettait ainsi aux gens de tourner en ridicule des œuvres sérieuses. C'était là, certes, une conduite moins habile et moins digne que celle de Buffon. Mais quoi ! Buffon, était d'un tempérament calme et flegmatique. Voltaire était tout nerf, tout salpêtre. Il avait, comme tout le monde, l'excès de ses qualités.

Une fois la part faite à l'extrême sensibilité du poète, il faut reconnaître que ses ennemis ne se bornaient pas à de simples piqûres d'épingles; ils lui faisaient des blessures profondes à coups d'injures et de calomnies. Le plus souvent ils eurent les premiers torts, ils furent les agresseurs et vinrent fournir à Voltaire l'occasion d'enrichir la littérature française de petites satires qui sont, en leur genre, de purs chefs-d'œuvre.

Je passe sur bon nombre d'écrivains microscopiques que Voltaire écrasa en passant. Mais le premier écrivain connu qui lui déclara la guerre fut J.-B. Rousseau. Les deux rivaux commencèrent, comme il arrive souvent, par échanger des compliments; mais ils se corrigèrent bien vite de cette courtoisie. Le lyrique, qui était en même temps un satirique fort mordant, fut le premier à changer de ton; il était exilé, mécontent; il sentait faiblir à la fois sa renommée et son talent! Voltaire était dans tout l'éclat de sa gloire et du succès : premier ferment de haine. Puis Rousseau vieillissant s'était converti ; il était devenu dévot, ce qui ne l'empêchait pas de déchirer ceux qui lui portaient ombrage ; tout au contraire, sa piété récente était comme un piédestal, d'où il accablait ses adversaires d'invectives très orthodoxes et peu chrétiennes. Quand *Zaïre* eut le tort impardonnable de réussir auprès du public, Rousseau déclara que la pièce, nulle d'ailleurs au point de vue poétique, était de nature à révolter tous les honnêtes gens, que c'était un ouvrage abominable et veut-on savoir pourquoi? Parce que, selon Rousseau, les passions s'y montrent plus fortes que la grâce divine. Ainsi l'auteur de tant de vers licencieux se métamorphosait en théologien austère pour avoir le plaisir de prendre en faute celui que le public avait l'insolence de lui préférer! Voltaire ne riposta pas tout de suite, mais Rousseau ne perdit rien pour avoir attendu. Ce fut sur sa tête une pluie d'épigrammes. Il se croyait maître dans l'art de persifler les autres : il s'aperçut qu'on pouvait être encore plus habile que lui. Il eut beau appeler à lui toutes les ressources de son esprit; il n'était pas de force à gagner la bataille. On vit alors la poésie servir d'arme aux deux combattants. Rousseau écrivait :

Dites de lui qu'il est fat, effronté;
Chacun le sait; lui-même en fait parade.
Reprochez-lui scandale, impiété;
C'est de nectar lui présenter rasade.
Ajoutez y balafres et gourmade;
C'est son plus clair et plus sûr revenu.
Bref, le passé l'a si bien soutenu
Qu'il ne craint plus affront ni flétrissures,
Et sa ressource est d'être devenu
Invulnérable à force de blessures.

Voltaire, à son tour, drapait de la belle manière celui qu'il appelait « le vil Rufus »; il lui réservait une petite place dans les Epîtres qu'il adressait à ses amis, dans les préfaces qu'il mettait en tête de ses tragédies ; il ne se contentait pas, du reste, d'attaquer ses ouvrages ; suivant l'exemple donné par Rousseau lui-même, il allait chercher l'homme sous l'auteur; il l'accusait d'être un lâche, un fripon, un scélérat; il lui consacrait enfin un poème tout entier intitulé la *Crépinade*. Et pourquoi ce titre bizarre? Parce que saint Crépin est le patron des cordonniers, que le père de Rousseau avait exercé ce métier et qu'il avait été, dit-on, renié par son fils en plein théâtre. Voici le début du poème :

Le diable, un jour se trouvant de loisir,
Dit : Je voudrais former à mon plaisir
Quelque animal dont l'âme et la figure
Fût à tel point au rebours de nature,
Que, le voyant, l'esprit le plus bouché
Y reconnût mon portrait tout craché...

Par ces quelques vers, vous pouvez juger du reste. Les deux poètes en étaient arrivés à échanger de véritables gourmades et non plus des critiques. S'ils avaient seulement mis en pièces les ouvrages l'un de l'autre, si Rousseau s'était borné à traiter Voltaire de petit rimailleur, si Voltaire s'était borné à blâmer Rousseau de ses vers

Moitié français et moitié germaniques,

on aurait pu les trouver sévères, injustes, mais on n'aurait pas pu leur reprocher de dépasser les limites de ce qui est permis. Un livre, qui s'adresse au public, s'offre de lui-même au jugement de tout le monde, et critiquer les idées ou le style d'un ouvrage est un droit qu'on achète avec l'ouvrage même. Mais pénétrer dans la vie privée d'un auteur, en étaler tous les mystères, en mettre à nu tout ce qui aurait dû rester caché, c'était sortir de ce qu'autorise la discussion même la plus véhémente. C'est pourtant le spectacle que présentent toutes les querelles littéraires du XVIIIe siècle; la littérature était alors devenue une puisssance; elle inspirait les mêmes passions, les mêmes colères qu'à d'autres époques ont suscitées les questions politiques ou religieuses. Voltaire put se flatter d'avoir triomphé de son adversaire; mais ce sont des victoires qui coûtent cher : on en sort meurtri et diminué.

Un autre de ceux que Voltaire rencontra sur son chemin fut Crébillon. Celui-ci régnait sur la scène tragique, quand son jeune rival vint le déposséder de la faveur du public. De là, colère et mauvais procédés à son adresse. Crébillon était censeur royal; les pièces de Voltaire ne pouvaient paraître qu'approuvées par lui. Il crut faire un coup de maître en réclamant des suppressions, des corrections, parfois même en refusant aux tragédies de Voltaire l'autorisation dont elles avaient besoin. Mais celui-ci n'était pas homme à se laisser étouffer en silence. Il commença par soumettre les pièces de Crébillon et sa versification rocailleuse à une critique acerbe, puis il fit mieux : il refit presque toutes les pièces de son prédécesseur. Ce fut alors un duel à outrance entre les deux poètes; chaque représentation nouvelle devenait une bataille; Voltaire travaillait avec son adresse ordinaire à obtenir l'alliance ou du moins la neutralité des puissances; il convoquait le ban et l'arrière-ban de ses amis. Il était, du reste, capable de mener à bien son entreprise et il sortit encore à son honneur de cette lutte, qui fut très vive, mais tourna du moins au profit de l'art dramatique.

On dit souvent : qui se ressemble s'assemble. On devrait dire aussi souvent : qui se ressemble se déteste. Mettez en présence deux hommes qui aient assez d'esprit pour n'être éclipsés que l'un par l'autre, vous pouvez parier, presque à coup sûr, qu'entre eux éclatera une antipathie bien voisine de la haine. C'est ce qui eut lieu pour Voltaire et Piron. Piron était un causeur pétillant, un intarissable diseur de bons mots, une vraie « machine à saillies ». Il avait de la verve, de la gaîté, une présence d'esprit qui le rendait difficile à désarçonner. Ces qualités ne manquaient certes pas non plus à Voltaire : toutefois, il paraît que dans des espèces de passes d'armes, où les deux hommes d'esprit croisèrent le fer, Piron eut l'avantage; c'est du moins lui qui nous l'affirme dans des lettres où il entonne, à ce propos, de véritables chants de triomphe. Dès lors, le pauvre Piron se crut égal, sinon supérieur à Voltaire. Ebloui de ses victoires éphémères, il crut qu'il n'avait qu'à vouloir pour le détrôner. Il disait fièrement : « Voltaire travaille en marque« terie, moi je coule en bronze. » Sifflé au théâtre, il accusa Voltaire d'organiser contre lui des cabales et il ne laissa pas passer un de ses ouvrages sans lui donner un bon coup de dent. Dans la seule pièce de lui, qui ait vraiment réussi, *la Métromanie*, il trouva moyen de railler encore Voltaire. Celui-ci s'était laissé prendre à une supercherie assez innocente d'ailleurs. Il avait reçu des vers très élogieux d'une femme poète et il avait répondu par une pièce aimable et galante. Mais voilà tout à coup qu'on apprit que cette femme était un homme et que les galanteries de Voltaire avaient fait fausse route. On rit un peu de lui et Piron s'empressa de transporter l'aventure au théâtre. Une autre fois Voltaire était à la cour, papillonnant de groupe en groupe; il avise Piron : « Bonsoir, comment allez-vous? » lui dit-il et, sans attendre la réponse, il pirouette et disparaît. Piron le rencontre le lendemain : « Fort bien et vous, » lui crie-t-il en l'apercevant. C'était une plaisanterie spirituelle. Mais les succès de Piron n'étaient pas de nature à troubler le sommeil de Voltaire; Piron, tout au contraire, voyait croître la gloire de Voltaire avec une envie qui croissait dans la même mesure ; il savait trouver de temps en temps quelque mot plaisant, mais la distance déjà considérable qui les séparait dès leur vivant s'est encore augmentée depuis leur mort, et Piron, comparé à Voltaire, ne sert qu'à prouver la justesse de cette pensée née au sein même du XVIIIe siècle : L'esprit sert à tout, mais ne suffit à rien.

On pourrait encore citer, parmi ceux qui jugeaient Voltaire avec sévérité, l'homme qui est avec lui le meilleur écrivain de l'époque, c'est Montesquieu que je veux dire. « Voltaire n'est pas beau ; il n'est que joli, » disait Montesquieu et Voltaire à son tour adoptait ce jugement d'une femme sur l'*Esprit des Lois* : « C'est de l'esprit sur les lois. » Il est vrai qu'il s'écriait aussi : « Le genre humain avait perdu ses titres. M. de Montesquieu les lui a rendus. » Mais il ne pouvait pardonner au Président d'avoir dit du mal de l'imagination, d'avoir appelé la poésie lyrique une « harmonieuse extravagance » ; et c'est ainsi qu'entre deux des plus grands génies du siècle exista toujours une froideur qui ne dégénéra pas sans doute en lutte ouverte, mais qui les rendit injustes l'un pour l'autre.

A ces piqûres d'amour-propre, à ces tracasseries dont Voltaire a si souvent à souffrir, il faudrait ajouter ses querelles avec ses libraires. Les libraires, au XVIIIe siècle, étaient fort enclins à la contrebande ; comme tous les ouvrages un peu hardis étaient défendus, ils se hâtaient de se les procurer et de les vendre fort cher. De là des difficultés avec le pouvoir, qui les jetait en prison, et avec les auteurs qu'ils compromettaient ou dépouillaient de leur bénéfice légitime. Mais les combats les plus rudes que Voltaire eut alors à subir, ce fut contre la presse militante, contre ceux qu'il appelait les *folliculaires*. Florian dans une de ses fables, compare la critique à la sangsue qui pique, mais pour guérir, et la satire à la vipère qui pique aussi, mais pour tuer. Il n'est pas bien sûr que la distinction soit nettement faite, même de nos jours ; mais elle l'était encore moins au XVIIIe siècle par les hommes qui se vouaient à la critique littéraire et il faut reconnaître qu'ils cherchaient à rendre leurs blessures plutôt venimeuses que salutaires. Ils avaient, du reste, à faire une vilaine besogne. Obligés d'être les flatteurs du pouvoir qui les méprisait, privés du droit de discuter toute grande question, ils ne parvenaient à se faire lire qu'à force de scandales et ils n'étaient point délicats sur les moyens. Le journalisme, maintenu malgré lui dans la fange, ne craignait pas d'en jeter à la face des gens.

Le plus connu, sinon le plus estimé, de ces journalistes pamphlétaires était, au début du XVIIIe siècle, l'abbé Desfontaines. C'était un triste personnage. Jésuite défroqué, il avait failli, pour attentat aux mœurs, tâter des galères et même du bûcher; il n'avait été sauvé que par l'intervention tout à fait bénévole de Voltaire. Cela ne l'empêcha pas de mettre en pièces les ouvrages de celui qui l'avait sauvé ; il fit pis encore : il dénonça son poème du *Mondain* comme attaquant la morale et la religion et il déchaîna ainsi contre le poète une de ces persécutions qui menaient souvent à la Bastille. Le poète bondit sous le coup d'un outrage qui était, de plus, une noire ingratitude. Oubliant qu'il n'avait rien à gagner contre un pareil adversaire, il lança contre lui un pamphlet qu'il attribua, suivant sa coutume, à un homme de paille et qu'il intitula le *Préservatif*. L'abbé ne se méprit pas sur la main d'où le coup partait et bientôt, recueillant tout ce qu'il avait de fiel et de venin, il composa la *Voltairomanie*. C'est tout un sac d'ordures qui est vidé sur la tête de Voltaire. Ce n'est plus l'écrivain, c'est l'homme qui est sali à plaisir. Tout ce que la calomnie a pu inventer de plus ridicule ou de plus atroce se trouve concentré dans cette œuvre où les ennemis de Voltaire n'ont eu qu'à puiser à pleines mains. Voltaire en fut presque malade de rage. Il ameute tous ses amis contre l'auteur ; il s'adresse aux ministres, il écrit lettres sur letttres ; il réclame une punition exemplaire. Par bonheur pour lui, l'opinion était dès longtemps faite sur Desfontaines ; témoin la cruelle réponse qu'il s'était, dit-on, attirée un jour. Un ministre l'avait mandé pour lui reprocher de faire un si honteux métier. « Il faut bien que je vive, » dit le pauvre diable. « Je n'en vois pas la nécessité, » répliqua le ministre. L'homme était si décrié que Voltaire obtint enfin ce qu'il demandait. Desfontaines fut obligé de signer un désaveu explicite ainsi conçu : « Je déclare que je ne suis point l'auteur d'un libelle qui a pour titre : *La voltairomanie,* et que je le désavoue en son entier, regardant comme calomnieux tous les faits qui sont imputés à M. de Voltaire dans ce libelle, et que je me croirais déshonoré, si j'avais eu la moindre part à cet écrit, ayant pour lui les sentiments d'estime dus à son talent, et que le public lui accorde si justement. Fait à Paris, ce 4 avril 1739. — Signé : Desfontaines. »

Un homme qui est à terre a du moins l'avantage de ne pas pouvoir tomber plus bas qu'il n'est. Ce fut le cas pour Desfontaines. Il but patiemment la honte, et dès lors il n'attaqua plus Voltaire ; mais, avant de mourir, il forma contre lui son successeur, il se prépara un vengeur en la personne de Jean Fréron, que nous aurons bien des occasions de retrouver dans la suite de cette biographie.

En regard des ennemis, dont Voltaire fut assailli et qu'il mérita en partie, il nous faut placer (car c'est justice) les amis qui ne lui manquèrent jamais. Marivaux a dit de Voltaire : « Ce coquin-là a un vice de plus que les autres : il a « quelquefois des vertus. » Marivaux avait raison : si Voltaire a su se faire haïr, il a su aussi se faire aimer ; s'il a poursuivi d'un ressentiment implacable ceux qui l'attaquaient, il a entouré d'une inaltérable affection ceux qui en avaient pour lui. Avec eux il était d'une docilité presque enfantine et d'une câlinerie charmante. D'Argental, son camarade de collège, est toujours appelé par lui « son ange gardien » et, suivant ses avis, il remanie à outrance ses tragédies, sans jamais se fâcher, sans jamais se lasser. Voltaire a un autre ami de jeunesse qu'il accable de lettres aimables et de bienfaits plus solides; c'est Thiériot, personnage médiocre, paresseux, insouciant, mettant plus de zèle à toucher l'argent des ouvrages que Voltaire imprime à son profit qu'à le défendre contre ses calomniateurs; malgré cette mollesse de caractère, Voltaire ne se départ pas un jour de sa tendresse à son égard. Puis il rencontre dans le monde un jeune officier, maladif, condamné par la nature à mourir avant l'âge, mais portant dans ce corps si frêle un esprit vigoureux et un cœur doué d'une exquise sensibilité. C'est un inconnu : Voltaire le devine, et lui, l'homme arrivé, il se plaît à révéler aux autres et peut-être à lui-même le beau génie qu'il a découvert; il écrit avec un véritable respect à ce jeune homme qui a vingt ans de moins que lui. Vauvenargues (car c'est de lui qu'il s'agit) doit ainsi à son ami les quelques rayons de gloire qui viennent dorer ses dernières années, et c'est encore Voltaire qui le remercie de l'heureuse influence que sa philosophie sereine, que son élévation morale ont exercée sur lui. « Si vous étiez né « quelques années plus tôt, mes ouvrages en vaudraient « mieux, » lui écrit-il, et plus tard, quand Vauvenargues est descendu dans la tombe, Voltaire fait avec enthousiasme son éloge. Ce n'est pas là un accident isolé dans sa vie. Il aide volontiers les débutants de ses conseils et de sa bourse. Tous ne répondent pas à ses espérances : mais, pour ne citer qu'un de ceux qui se virent ouvrir par lui la carrière, il encouragea et lança un jeune provincial qui s'était adressé à lui sans le connaître et qui s'appelait Marmontel. Combien d'autres parmi les gens de lettres eurent à se louer de sa bonne grâce à rendre service? Lekain, le plus grand tragédien du temps, rappelait souvent les encouragements qu'il avait reçus de lui au début de sa carrière et il s'appliquait ce vers d'Œdipe :

L'amitié d'un grand homme est un bienfait des Dieux.

C'est là un beau côté du caractère de Voltaire et il faut l'opposer à la vivacité de ses colères et de ses haines. Un homme qui avait toute espèce de raisons pour ne pas l'aimer, a dit de lui : « Je ne sache pas d'homme dont les premiers mouvements aient été plus beaux que les siens. »

CHAPITRE VI

VOLTAIRE EN ALLEMAGNE — SES RAPPORTS AVEC FRÉDÉRIC II

1743 et 1750-1753

Nous avons laissé Voltaire au moment où il se retrouve isolé par la mort de son amie, madame du Châtelet (1749). Il hésita, pendant quelques mois, sur le choix d'une résidence. Il se décida enfin à céder aux sollicitations acharnées d'un prince qui, depuis longtemps, s'efforçait de l'attirer. C'était Frédéric II, roi de Prusse, et les relations du philosophe et du conquérant ont alors fait assez de bruit pour qu'on y insiste aujourd'hui. C'est une page importante de la vie de l'un et de l'autre et de l'histoire intellectuelle du siècle.

Un trait saillant du XVIIIe siècle, c'est que l'admiration pour les écrivains français n'était pas renfermée en France; elle passait les frontières et c'est même à l'étranger que les gens de lettres persécutés dans leur patrie rencontrèrent la liberté la plus grande et la protection la plus efficace. Les divers souverains d'Europe se font alors gloire de les appeler à leur cour; ils les comblent d'égards, ils les traitent presque en égaux; ils leur empruntent leurs principes et se disent tout prêts à les appliquer pour le bien de l'humanité. Par un contraste bien bizarre, tandis que la France était le centre d'un mouvement considérable, elle seule restait immobile. Les idées, dont elle était le foyer, étaient par son gouvernement considérées comme nulles et non avenues ; mais elles trouvaient accueil dans les pays voisins et peu à peu s'y transformaient en faits.

L'Allemagne n'avait pas échappé à cet engouement pour tout ce qui venait de France. Le français depuis Louis XIV se parle dans toute la haute société. Tous les principicules allemands tiennent à honneur d'écorcher la langue de Corneille et de Racine. Un jour, à la table d'un de ces diminutifs de souverains se trouvaient douze convives tous Français et l'un d'eux s'écriait : « En vérité, Monseigneur, voilà qui est plaisant, il n'y a que vous ici d'étranger. » Ce goût pour le français et les Français était peut-être plus fort en Prusse que partout ailleurs. La révocation de l'Édit de Nantes y avait popularisé notre langue en y amenant toute une colonie de réformés proscrits ; l'Académie était pleine de gens qui la parlaient et elle devait donner un jour comme sujet de concours la recherche des raisons qui avaient valu au français son universalité. Frédéric II, celui que les Allemands ont surnommé l'Unique et qu'ils appellent plus familièrement : « le vieux Fritz », professait le plus profond dédain pour sa langue maternelle ; il n'y voyait qu'un jargon et conseillait aux écrivains de ne pas s'en servir ; lui-même la savait à peine et ne l'écrivait qu'à contre-cœur ; il la proscrivait de son école militaire, il ne voulait pas l'entendre dans son entourage. Nous avons encore la liste des livres qui composaient sa bibliothèque : il ne s'y rencontre pas un seul livre allemand. Il était tout entier tourné du côté de la France : c'était en français qu'il se plaisait à écrire, à parler, à rimer et c'est surtout parmi des Français qu'il cherchait ses amis.

Frédéric n'était encore que prince royal qu'il s'était pris d'un enthousiasme juvénile pour l'auteur de la *Henriade*. Enfermé par son père, il se consolait en jouant de la flûte,

LE VIEUX FRITZ

en faisant des vers, en écrivant aux auteurs les plus connus.

Il n'avait pas dédaigné de faire les premiers pas vers celui qu'il nommait le Virgile de la France. Il se sentait attiré vers lui non-seulement par l'admiration que lui inspirait son génie poétique, mais aussi par la hardiesse de son incrédulité railleuse. Il lui adressait les lettres les plus caressantes et l'y nommait « son cher ami ». Il lui envoyait des odes, des poésies de toutes sortes que Voltaire lui retournait corrigées. Il le priait de surveiller l'impression d'un gros ouvrage intitulé l'*Anti-Machiavel ;* il se flattait d'y mettre à néant les maximes du politique florentin, car il n'était pas encore roi. C'était ce que Voltaire appelait plus tard : Cracher au plat pour en dégoûter les autres. Et, en effet, quand la mort l'eut délivré de la tutelle tyrannique du roi-sergent, son père, Frédéric aima mieux appliquer que réfuter les théories de Machiavel et pria Voltaire d'arrêter l'édition ; mais il ne voulait pas, comme son père, faire de son royaume une grande caserne et il prétendait, tout en réclamant des provinces au nom du droit du plus fort, rester, non pas seulement le protecteur des lettrés et des artistes, mais mieux que cela, leur ami. Il entendait, pour parler en style du temps, servir à la fois Mars et Apollon. Il demande à Voltaire de lui écrire toujours comme à un homme et non comme à un roi ; et Voltaire, qui le prend au mot, qui croit avoir mis la main sur un Marc-Aurèle ou un Trajan, lui écrit, non plus : « Votre Majesté », mais « Votre Humanité ». Il ne tarit pas en éloges sur le « Salomon du Nord » qui le traite « d'homme divin ». Comme il l'a dit plaisamment, les épithètes ne leur coûtaient rien. Il va le voir à Clèves, et tous deux sortent enchantés de l'entrevue. « Voltaire », s'écrie Frédéric, « a l'éloquence de Cicéron, la douceur de Pline et la sagesse d'Agrippa. » Son désir d'avoir près de lui un homme aussi multiple devient dès lors une passion, il se déclare jaloux de madame du Châtelet; il déploie toutes les coquetteries de son esprit pour obtenir le même bonheur.

Une première occasion de rapprochement (1743) vint s'offrir bientôt. C'était pendant la guerre de la succession d'Autriche. Frédéric, allié de la France contre l'Autriche, avait abandonné la partie après avoir conquis la Silésie et laissait les Français se tirer d'affaire comme ils pourraient. Les troupes de Louis XV, restées seules, avaient subi des revers; on crut alors utile à Versailles de renouer l'alliance rompue avec la Prusse; c'était une négociation délicate et qui devait rester secrète. Chacun savait les rapports amicaux qui unissaient le poète et le roi. On feignit de disgracier Voltaire qui eut l'air d'être furieux et partit pour Berlin au grand désespoir de madame du Châtelet (1743). Ce furent de singulières négociations et je crois qu'on en trouverait peu de semblables dans les annales de la diplomatie. Le poète et le roi (logés dans le même palais) échangeaient de petits billets où fraternisaient la prose et les vers, la littérature et la politique. Voltaire parle une fois des Autrichiens qui pourraient envahir la Silésie et Frédéric écrit en marge cette réplique :

On les y recevra biribi,
A la façon de Barbari,
Mon ami.

Voltaire a beau déployer toutes les ressources de l'art de persuader. Il n'obtient rien. Mais, si quelque chose peut le consoler de l'échec du négociateur, c'est l'accueil qu'on fait au poète. On le traite en tête couronnée, on le fête, on l'applaudit, on le courtise; la reine-mère, les dames de la cour rient de son poème de *la Pucelle*, et en réclament des copies, sans que leur chasteté germanique s'effarouche des gaillardises dont il est semé ; la marquise de Bayreuth, sœur du roi, l'appelle « frère Voltaire », et ne s'offense pas des madrigaux les plus galants.

Il y a bien, au milieu de ces honneurs dont on le comble, un petit nuage. Frédéric, qui sait à merveille caresser d'une main et égratigner de l'autre, ne recule pas devant une petite trahison pour s'assurer la possession de Voltaire à Berlin. Il veut le brouiller avec la cour de France, et, pour cela, il y fait parvenir secrètement une lettre confidentielle de « son cher ami » ; Voltaire y raillait un haut personnage, un dignitaire du clergé, qui signait d'ordinaire : « L'anc. évêque de Mirepoix, » en abrégé, ce que Voltaire traduisait par « l'âne de Mirepoix ». C'était la seconde fois que le roi employait un procédé de ce genre. On comprend que le poète en ait été piqué. Mais il oublia ce que cette façon d'agir avait de peu loyal pour n'en voir que le côté flatteur pour son amour-propre ; et, quand il quitta Berlin, il emportait, avec le portrait du roi et des princesses, le souvenir d'un accueil que jamais encore poète n'avait reçu dans aucune cour. C'était la première fois que l'aristocratie de la naissance s'effaçait d'aussi bonne grâce devant l'aristocratie de l'esprit.

Aussi, dès que le poète ne fut plus retenu en France par sa liaison avec madame du Châtelet, il devait volontiers céder aux instances que Frédéric s'empressa de renouveler. Le climat de Berlin l'effrayait : Frédéric lui fit envoyer un certificat, constatant que le climat est sain et clément. Une seule chose retarda leur réunion : ce fut la question d'argent. Ni le poète ni le roi ne la dédaignait. Voltaire, large dans les grandes occasions, lésinait volontiers dans les petites. Frédéric oubliait parfois de payer ceux qui le servaient, et, à Paris, il avait des correspondants qui pouvaient se vanter, dans tous les sens du mot, de travailler pour le roi de

Prusse. Il y eut donc négociations entre ces deux hommes, également jaloux de leur intérêt. Frédéric comparait Voltaire à Danaé qui ne se donna que pour une pluie d'or. Voltaire ripostait en jurant qu'il aimait Jupiter et non pas sa pluie, mais il ajoutait :

Au siècle de fer où l'on vit,
Les gouttes d'or sont nécessaires.

Pour vaincre les dernières hésitations du poète, le roi appelle auprès de lui un jeune débutant, d'Arnaud, il le comble d'éloges, et il le célèbre comme le successeur du grand homme vieillissant; il va jusqu'à écrire que l'aurore de l'un suffit à consoler du déclin de l'autre. Voltaire est piqué au vif; il partira, il ira prouver à Berlin que sa vieillesse est encore verte, et que le soleil n'est pas près de se coucher. Il ne restait plus qu'à prendre congé du roi de France. Voltaire, gentilhomme ordinaire et historiographe de Sa Majesté très chrétienne, ne voulait pas laisser derrière lui de mécontents. Il comptait se réserver la faculté de revenir à la cour de France. Louis XV se contenta de lui répondre, en lui tournant le dos, qu'il pouvait partir quand il voudrait, et Voltaire, au mois de juillet 1750, arrivait enfin à Potsdam.

La cour du roi Frédéric II ne brillait pas par l'élégance et l'agrément. Pour mieux dire, ce n'était pas une cour. La ville de Potsdam n'était tout entière qu'une grande caserne; on n'en pouvait sortir, fût-on prince de sang, qu'avec un billet signé de la main du roi. Les revues étaient à peu près le seul plaisir offert à ceux qui l'entouraient. Le conquérant de la Silésie ne pensait pas, comme François Ier, qu'une cour sans dames était un printemps sans roses. Tout au contraire, les femmes étaient proscrites de son entourage, et, s'il faut en croire un prince de Brunswick peu charmé de cette résidence royale, on y passait le temps à conjuguer le verbe s'ennuyer.

On peut imaginer si Voltaire fut le bienvenu dans un milieu où les éléments de gaîté se trouvaient si rares. L'ennui et Voltaire n'allaient guère de compagnie, et sa verve, son entrain animèrent bientôt tout le château. Les premières semaines de son séjour à Potsdam furent une véritable lune de miel; il est séduit, ravi, ensorcelé; il éclate en cris de joie et d'enthousiasme : « Cent cinquante mille soldats victorieux, point de procureurs, opéra, comédie, philosophie, poésie, un héros philosophe et poète, grandeurs et grâces, grenadiers et muses, trompettes et violons, repas de Platon, société et liberté! qui le croirait? Tout cela est très vrai. » Il était sincère, mais non peut-être tout à fait désintéressé dans ces éloges. Il tenait à ce que tout Paris sût son bonheur; il voulait faire « crever de rage » les envieux, il espérait rendre la cour de France honteuse de son indifférence. Frédéric n'était pas moins enchanté que son commensal; il se départait de sa parcimonie habituelle pour célébrer des fêtes en son honneur; il faisait jouer celles de ses pièces qui étaient interdites en France; il ne pouvait supporter la pensée de le perdre un jour et il ne négligeait rien pour le fixer auprès de lui. Il lui donnait la clef de chambellan, il le décorait de je ne sais plus quel ordre, il lui offrait 20,000 fr. de pension. Pourtant Voltaire hésitait; Berlin n'était pas Paris; Frédéric, qui faisait si bien patte de velours, savait encore mieux montrer les griffes, et la fantaisie pouvait lui en prendre; enfin les vieux amis du poète ne se résignaient pas à son exil perpétuel. Mais Frédéric redoublait d'instances; il n'écoutait aucune objection. Voltaire avait une nièce qu'il aimait beaucoup. Madame Denis, c'était son nom, devenue veuve, était prête à se consacrer à son oncle et le rappelait près d'elle. Elle lui

LE THÉATRE A BERLIN AU DIX-HUITIÈME SIÈCLE

REPRÉSENTATION D'UNE PIÈCE DE SHAKESPEARE

disait que les flots sont mobiles ainsi que la faveur des princes. Mais Frédéric répliquait, indigné, dans un billet qu'il adressait à Voltaire :

« Quel esclavage, quel malheur, quel changement, quelle inconstance de fortune y a-t-il à craindre dans un pays où l'on vous estime autant que dans votre patrie et chez un ami qui a un cœur reconnaissant?... Quoi! parce que vous vous retirez dans ma maison, il sera dit que cette maison devient une prison pour vous! Quoi! parce que je suis votre ami, je serais votre tyran! Je vous avoue que je n'entends pas cette logique-là; que je suis fermement persuadé que vous serez fort heureux ici tant que je vivrai; que vous serez regardé comme le père des lettres et des gens de goût, et que vous trouverez en moi toutes les consolations qu'un homme de votre mérite peut attendre de quelqu'un qui l'estime. » (23 août 1750.)

Comment résister à de pareilles caresses? Voltaire céda. Il n'avait plus qu'à obtenir un congé en règle de la part du roi de France. Ce fut Frédéric II qui se chargea de la démarche et Louis XV, avec son amabilité ordinaire pour les gens de lettres, répondit : « Un fou de plus à la cour du roi « de Prusse, un fou de moins à la mienne, que m'importe? » Voltaire cessait, dès lors, d'être historiographe du roi de France : mais il se croyait l'ami d'un autre roi; il pouvait aisément se consoler.

C'est un étrange pêle-mêle que la société qui entoure alors Frédéric II. Les Français y dominent. Voici d'abord le marquis d'Argens, singulier personnage, s'il en fut. Sa jeunesse est un roman d'aventures qui le promène aux quatre coins de l'Europe. Ce Provençal à tête chaude devient de magistrat, capitaine, et de capitaine, écrivain. Forcé de quitter le service et la France, il se retire en Hollande et s'y fait le tirailleur du parti philosophique. Il écrit des *Lettres juives* très hardies contre la religion chrétienne; il essaie de mettre les doctrines nouvelles à la portée des gens du monde et publie une *Philosophie du bon sens*, où il oppose les droits de la raison à l'autorité de l'Eglise. Mis en vue par ces ouvrages, il erre en quête d'une position fixe; il passe à Berlin où ses idées et sa personne plaisent au roi, il est nommé chambellan et il lui sert en même temps de maître de cérémonies et de correcteur. A la cour, il écrit, prend pour collaboratrice une comédienne qu'il finit par faire marquise. Le roi lui passe cette fantaisie et bien d'autres encore, mais à condition de s'en moquer. Et, de fait, sa vie et son caractère prêtent à la plaisanterie. Souvent il passe des semaines au lit; il paraît affublé de plusieurs bonnets de laine, de quatre ou cinq paires de bas; il ne trouve jamais de rempart suffisant contre le froid et les courants d'air. Chose plus bizarre, ce sceptique a gardé des superstitions enfantines: il ne peut soutenir la vue de deux couteaux en croix sur une table. Avec cela, galant homme, serviable, incapable d'une trahison ; on le surnommait « le bon marquis » et Frédéric dit de lui que c'est « la plus belle âme des beaux esprits ». D'Argens est un vieil ami de Voltaire, qui l'a connu en Hollande et qui l'appelle d'ordinaire « son cher Isaac », allusion flatteuse aux *Lettres juives* où le principal personnage porte ce même nom.

Vient ensuite Lamettrie. Celui-ci cumule les fonctions de médecin, de bouffon et d'athée du roi. Il a été chassé de France pour une vilaine affaire. Mais il a séduit le roi par son audace. C'est l'enfant perdu du parti des incrédules. C'est un véritable apôtre du matérialisme. Un jour, il aperçut ces mots sur une enseigne : « Un tel matérialiste. » Il entre dans la boutique, demande le maître de la maison et l'embrasse avec effusion en qualité de confrère. Le matérialiste en question n'était pourtant qu'un brave épicier, et son

6

enseigne le disait en allemand. Tout Lamettrie est dans cette aventure. Il aime l'étrange, le gros comique et ce qu'il appelle lui-même les nudités de pensée; il se plaît à casser les vitres, à étonner les gens, à effaroucher les âmes timorées. Son livre de l'*Homme-machine* fit scandale. Il y niait la vertu, la morale, la pudeur avec une verve joyeuse qui est son ton habituel. Même avec le roi, il ne se départ pas de ses façons familières. Frédéric le traite de fou, de misérable, de monstre; mais, quand Lamettrie sera mort d'indigestion, le roi s'assurera d'abord qu'il est mort sans se confesser; puis, une fois sûr, suivant sa propre expression, que le défunt « n'a pas fait le plongeon », il écrira de sa main royale l'éloge de son favori et le fera lire en pleine Académie.

Maupertuis, un Breton comme Lamettrie, ne lui ressemble en rien, sinon qu'il tient aussi sa place dans cette galerie d'originaux. C'est un géomètre; il a fait partie d'une mission française chargée d'aller mesurer en Laponie un arc du méridien; il a contribué ainsi à prouver que la terre est aplatie vers les pôles et c'est pourquoi il s'est fait représenter aplatissant le globe terrestre. Il sait, d'ailleurs, allier les mathématiques et la galanterie; il est homme du monde et même homme d'esprit à ses heures. Il a de l'ambition et a trouvé de quoi la satisfaire à Berlin; car Frédéric l'a nommé président perpétuel de l'Académie. Mais, pour son malheur, le président a aussi des instincts despotiques et une vanité ombrageuse qui lui vaudront de cruels mécomptes. Pour l'instant, il accueille à bras ouverts Voltaire qui a jadis fait campagne avec lui en faveur des théories de Newton. Il y a pourtant entre les deux hommes un ferment de discorde. Maupertuis, libre penseur en France, s'est fait dévot en Prusse. Ses amis se permettent de mettre en doute la sincérité de sa conversion et d'Argens, un soir qu'il le verra faire sa prière, lui lancera cette apostrophe piquante : « Que faites-vous donc ? Nous sommes seuls ! »

Autour de ces trois personnages s'en groupent d'autres qui, sans avoir la même importance, méritent un coup de crayon au passage. C'est le baron de Polnitz, un Allemand celui-là, souffre-douleur ordinaire de Sa Majesté Prussienne, triste sire d'ailleurs qui a laissé sur la route les lambeaux de sa dignité, qui change de religion comme d'habit, qui fait à tort et à travers des dettes, des saillies et des bassesses. Un jour, il demande au roi un bénéfice ecclésiastique dont le revenu excite sa convoitise. « Faites-vous catholique, » dit en riant Frédéric. Pollnitz était alors protestant; quelques jours après, il reparaît : il avait abjuré. C'était la troisième ou quatrième évolution du même genre; il trouvait que quelques milliers d'écus valaient bien une messe. Il eut cette fois la messe sans les écus. Le roi, indigné, ne lui pardonna pas cet excès d'obéissance.

C'est ensuite Algarotti, un Italien, « le cygne de Padoue », comme l'appellent ses flatteurs; poésie, musique, peinture, il cultive tout avec un égal succès et fait des traités d'algèbre à l'usage des dames. Esprit délié, caractère souple, il a une langue des plus acérées et est presque aussi à craindre comme ami que comme ennemi.

Puis ce sont encore des Français : Darget, lecteur et secrétaire du roi, qui remplace le brillant par la solidité de l'esprit et du caractère; l'abbé de Prades enfin ; la société eût été incomplète sans un abbé! On peut imaginer sans peine qu'un représentant de l'Eglise catholique fourvoyé en pareille compagnie n'est pas un modèle d'orthodoxie. Et, en effet, l'abbé est en querelle avec la Sorbonne ; une thèse de théologie qu'il a présentée en est la cause. Il avait trouvé plus simple de la faire faire que de la composer lui-même; mais l'auteur qui lui a prêté sa plume lui a prêté aussi des idées hardies, et le pauvre abbé s'est trouvé hérétique sans le savoir. Il a déchaîné sur lui une vraie tempête; il a dû se cacher, quitter la France; et le roi de Prusse s'est fait un plaisir d'accueillir dans son intimité celui qu'il appelle « son petit excommunié ». Le jeune réfugié n'y fait pas mauvaise figure; s'il n'a pas un savoir profond, il est insinuant, aimable, et il apporte sa part d'esprit et de gaîté dans ce cénacle de libres-penseurs.

A côté et au-dessus de tous ces hommes il faut enfin placer Frédéric II, leur hôte et leur maître. Il n'est pas le moins spirituel d'entre eux et il aurait encore plus d'esprit, s'il cherchait moins à en avoir. Il a pour la littérature un goût qui, comprimé par son père durant toute sa jeunesse, est devenu une véritable passion. Il pleure en déclamant du Racine; il occupe ses loisirs à apprendre par cœur du Bossuet; il se consolera d'une bataille perdue en rimant de mauvais vers où étincelle parfois quelque forte pensée qui aurait mérité d'être mise en prose. Il se plaît donc à traiter en confrères les gens de lettres qui l'environnent.

Parmi eux il met une sorte de point d'honneur à abdiquer toute majesté; il ne veut être qu'un philosophe couronné. Ce n'est pas lui qui s'effraiera des audaces de leur pensée. Loin de là! S'il termine ses lettres officielles par la formule consacrée « que Dieu vous ait en sa sainte garde », il met bas avec ses familiers cette piété de parade. Aussi incrédule que pas un, il les encourage à se moquer des vieux préjugés; il les conduit à l'attaque de la superstition, ce qui est pour lui synonyme de religion. Il lui arrivera d'accuser Voltaire de bigotisme, parce que le poète ne va pas toujours aussi loin que le roi voudrait. Il s'érige en prieur d'une sorte de couvent diabolique, dont ses commensaux sont les moines.

Par malheur pour les frères de ce monastère d'un nouveau genre, le révérend père prieur a l'humeur singulièrement caustique et il est roi. Il a beau cacher la griffe ; elle reparaît toujours. Il est de ces gens qui ne savent faire de l'esprit qu'aux dépens des autres ; il a besoin d'un plastron ; il plaisante sans pitié ceux qui l'approchent et ce n'est pas chose facile de bien prendre ses plaisanteries. Si on les accepte sans mot dire, on devient entre ses mains un jouet, un objet de risée ; on est assailli sans relâche de mots piquants, de procédés injurieux. Si l'on répond par une raillerie, un silence, un regard, une parole rappellent au railleur qu'il s'adresse à Sa Majesté. Sûr de l'impunité, Frédéric donne libre carrière à son penchant pour la satire. Il est homme à faire, le même jour, un compliment de condoléance et une épigramme sur la mort d'un de ses fidèles serviteurs. Il sacrifie sans hésiter un ami à un bon mot.

Du reste, est-il permis de parler ici d'amitié ? « Il ne faut pas compter civiliser les rois, » disait d'Argens, qui savait mieux que personne à quoi s'en tenir sur ce point-là. Et Frédéric lui-même est de cet avis. Il va jusqu'à dire dans un accès de franchise : « En général, les princes sont de la canaille. On se gâte avec eux. » Une autre fois il lisait ces vers que prononce Pylade dans une tragédie [1] :

> Qu'avec étonnement il apprenne d'un roi
> Jusqu'où de l'amitié s'étend l'auguste loi.

« Ah ! M. de la Touche, M. de la Touche, s'écrie Frédéric. Il ne faut pas se fier à ces b.....-là, et il continue :

> Amitié, plaisir des grandes âmes,
> Amitié, que les rois ces illustres ingrats
> Sont assez malheureux de ne connaître pas.

1. *Iphigénie en Tauride* par Guimond de la Touche, cinquième acte.

Et s'adressant à son lecteur : « Voilà du vrai, mon cher, que je vous donne. Ne l'oubliez jamais [1]. »

Il était difficile de l'oublier et, de tous ceux que Frédéric a honorés du nom d'amis, il n'en est pas un, pas un seul, qu'il n'ait fini par éloigner à coups de sarcasmes et d'humiliations. C'est ce qui a fait écrire à l'illustre historien anglais Macaulay : « Je n'hésite pas à dire que le plus pauvre auteur de l'époque, vivant à Londres, couchant sur un grabat, dînant dans une cave, se faisant une cravate de papier et n'ayant qu'une grosse épingle pour bijou, était plus heureux qu'aucun des hôtes littéraires de la cour du grand roi. »

Voltaire ne soupçonnait pas les difficultés de sa situation nouvelle. Il arrivait plein de belles illusions; il voyait l'avenir couleur de rose. Il se prétendait transporté par enchantement « dans le palais d'Alcine, dans le pays des fées ». Sa vie lui semblait couler comme un rêve délicieux.

Il donnait par jour une ou deux heures aux ouvrages du roi, car ce n'était pas une sinécure d'être son correcteur. Le roi avait la rage d'écrire en français, et il traitait parfois la langue en conquérant. Il raccourcissait les mots qui ne voulaient pas tenir dans ses vers; il s'obstinait ainsi à écrire « crêp », en dépit de tous ceux qui protestaient contre ce procédé par trop chirurgical ; par compensation, il allongeait d'autres mots, quand il lui fallait une syllabe pour remplir la mesure. Il écrivait, par exemple : « Fraguements, subtiles ressorts, morderont, etc. » Je passe sur l'orthographe, pour laquelle il affichait un dédain princier. Voltaire rabotait et limait les œuvres mal dégrossies qu'on lui remettait ; il lui fallait donner en marge la raison des changements qu'il proposait; il faisait de la sorte une rhétorique

1. *Mémoires inédits de Le Catt*. Conservés aux Archives de la maison royale, à Berlin.

et une poétique à l'usage de son royal élève. Après cela, il était libre ou à peu près, et il en profitait pour avancer ses travaux personnels. Le soir venu, on soupait au château de Potsdam ou dans le petit palais de Sans-Souci. Ces soupers étaient des orgies pour l'esprit bien plus que pour le corps. Parfois, afin que l'absence des domestiques laissât toute liberté à la causerie, la table montait toute servie de l'étage inférieur à travers le plancher qui s'entr'ouvrait. C'était alors un pétillement de saillies, une débauche de paradoxes, une éruption de mots crus et de pensées hardies. Frédéric excitait ses convives, loin de les retenir, et, pendant toute la nuit, les bons mots coulaient à flots avec les bons vins. Voltaire brillait là plus que personne. « Un souper sans Voltaire, disait Algarotti, c'est une bague sans diamant. » Frédéric y figurait aussi avec éclat. Ils en sortaient enchantés l'un et l'autre : car ils ne craignaient pas de rivaux dans cette escrime légère où les armes sont des traits d'esprit.

Mais peut-être ces deux hommes avaient-ils trop de points de ressemblance pour vivre longtemps en bonne intelligence. Des nuages apparurent dans le bleu du ciel. C'est d'abord une vilaine affaire dans laquelle Voltaire se trouve impliqué. L'électeur de Saxe avait créé une banque qui avait émis tant de billets que ceux-ci étaient tombés à vil prix. Frédéric, vainqueur de la Saxe, avait stipulé que tous ses sujets porteurs de ces bons en recevraient la valeur nominale. Aussitôt les Prussiens s'étaient hâtés de se procurer à l'étranger ces papiers tombés à des prix dérisoires, et ils en exigeaient le remboursement intégral. Frédéric, sur des plaintes venues de Dresde, avait dû interdire ce trafic scandaleux. Il continuait pourtant. C'est alors que Voltaire s'entendit avec un juif nommé Abraham Hirsch, pour profiter de cet agiotage. Il lui confia des fonds en recevant comme gage des diamants. Mais le poète conçoit des doutes sur la probité du juif, il exige la restitution des valeurs qu'il a remises entre ses mains. Refus du juif qui prétend que les brillants ont été achetés et non acceptés comme gage par Voltaire. De là colère, plaintes de Voltaire, arrestation de Hirsch et procès. Il serait peu utile d'entrer dans les détails d'une affaire fort embrouillée et peu intéressante. Disons seulement que Voltaire eut gain de cause, mais il se compromit par des vivacités de langage, par des violences, par des étourderies qui lui étaient assez habituelles. Il remplit Berlin du bruit de sa querelle, et Frédéric, qui n'était pas endurant, lui écrivait à ce propos :

« J'aime des gens doux et paisibles qui ne mettent point dans leur conduite les passions violentes de la tragédie; en cas que vous puissiez vous résoudre à vivre en philosophe, je serai bien aise de vous voir. Mais, si vous vous abandonnez à toutes les fougues de vos passions et que vous en vouliez à tout le monde, vous ne me ferez aucun plaisir de venir ici et vous pouvez tout autant rester à Berlin. »

C'était dur pour un homme qu'on avait appelé avec tant d'insistance. On se raccommoda pourtant. Mais leur amitié avait été frappée d'un coup qui ne pouvait manquer de laisser des traces.

Voltaire sentait sa situation ébranlée. Il avait de bons rapports avec ceux qui partageaient sa réclusion. « Frère Antoine, » comme il se nommait lui-même, se consolait de ses ennuis avec « frère Paul », qui était d'Argens, et avec l'abbé de Prades qui devenait, dans leur langage, « frère Gaillard ». Mais, avec le « frère Prieur » il était moins à l'aise. Précipité du haut de ses rêves, il se comparait lui-même à cet homme qui, tombant d'un clocher et se trouvant mollement bercé dans l'air, disait : « Pourvu que cela dure ! » Voltaire conte bien quelque part qu'un moine qui avait coutume d'opérer des miracles, mais à qui son supé-

LE PALAIS DE POTSDAM

rieur avait défendu d'en faire, vit un jour un pauvre couvreur rouler du haut d'un toit; pris entre le désir de sauver un homme et celui d'obéir, il se contenta d'ordonner au couvreur de rester en l'air jusqu'à nouvel ordre, et courut chercher la permission d'achever ce qu'il avait si bien commencé. Seulement de pareils miracles sont fort rares, et Voltaire s'apercevait à mille symptômes que cela ne pouvait pas durer. Lamettrie lui rapporta ce propos qu'il avait, disait-il, entendu de la bouche même du roi : « J'aurai besoin de lui encore un an tout au plus : on presse l'orange et puis on jette l'écorce. » Cette écorce, dont on comptait se défaire avec tant de désinvolture, faisait rêver Voltaire, et ce n'était pas sans raison. Il n'en montrait rien en public : mais peut-être n'était-il pas aussi réservé avec ceux dont il se croyait sûr, et il ne manquait pas d'amis charitables pour répéter au roi les paroles imprudentes qu'il laissait échapper. Il se serait écrié à la mort de Lamettrie : « Voilà la charge d'athée du roi vacante. » — Sur une lettre qui lui était adressée : « Au château », il aurait corrigé pour mettre en place : « Au corps de garde. » — « Le roi, » eût-il répondu un autre jour à quelqu'un qui lui parlait de Frédéric, « dites plutôt le maréchal des logis ! »

Ces anecdotes ne sont pas toutes, il faut le dire, au-dessus de tous les doutes : mais elles sont du moins vraisemblables. Voltaire, non plus que Frédéric, ne savait pas retenir un bon mot, quand il lui venait au bout de la langue, et ils sont l'un et l'autre assez riches en sarcasmes de cette espèce pour qu'on ait pu leur en prêter sans scrupule. S'il faut en croire d'autres chroniqueurs, Voltaire eût piqué d'une façon plus vive encore l'amour-propre de Sa Majesté. Frédéric avait la faiblesse de vouloir passer pour poète : il était atteint de cette vanité ombrageuse qu'ont volontiers les gens de lettres. Or, un jour qu'un général prussien, jaloux de marcher sur les brisées du roi son maître, lui apportait pour la corriger quelqu'une de ses élucubrations : « Attendez », dit Voltaire, « je lave le linge sale de Sa Majesté. Le vôtre aura son tour plus tard. » Il aurait même, dans un accès d'impatience, laissé tomber ces mots peu flatteurs pour le talent de son disciple couronné : « Cet homme, c'est César et l'abbé Cotin. »

Frédéric n'était pas en reste avec son hôte de procédés injurieux. Il l'avait logé à Sans-Souci dans une chambre peinte en jaune, couleur de l'envie, disait-il à qui voulait l'entendre; sur les murs étaient figurés des singes et des perroquets qui se balançaient suspendus à des lianes; c'étaient, disait-il encore, des portraits de l'écrivain français. Faut-il descendre encore à des détails plus mesquins? Le roi avait permis à Voltaire d'inviter six personnes à sa table : or Voltaire eut le tort d'en inviter huit. Aussitôt il s'aperçut qu'on lui fournissait du sucre et du chocolat frelatés, qu'on lui rognait sa ration de sucre. Il s'en plaignit; le roi répondit qu'il donnerait des ordres pour faire cesser ces étranges vexations. Il n'en fut rien : Voltaire imagine alors un moyen de prendre sa revanche : on lui donnait abondance de bougies; il revend celles qu'il a en trop et le soir, quand il passe dans l'antichambre, il emporte quelqu'une de celles qui s'y trouvent. « C'est pour mon sucre, » réplique-t-il à ceux qui s'étonnent de ce petit trafic. C'est ainsi entre les deux grands hommes une lutte de petitesses, et, dans cette rivalité de lésineries, on ne sait vraiment à qui donner la palme.

Quoi qu'on puisse rabattre de ces historiettes aussi connues que peu certaines, il était évident que l'aigreur se glissait peu à peu dans les rapports de ces deux puissances. Il ne fallait qu'une occasion pour amener une rupture ouverte : il s'en présenta plusieurs.

Une espèce d'aventurier littéraire, nommé La Beaumelle, qui parcourait l'Europe en quête de pensions et qui possédait plus de vanité que de talent, avait récemment fait paraître un petit volume intitulé *Mes pensées*. Il eut l'idée de venir chercher fortune à Berlin et il y arriva muni d'une singulière recommandation. Il comparait dans son livre les gens de lettres qui entouraient Frédéric à ces singes et à ces nains que les rois du moyen âge aimaient à entretenir autour d'eux. Il fut, comme il était naturel, assez mal reçu de ceux qu'il traitait de la sorte : il voulut se venger de ce mauvais accueil et il ne fut pas longtemps à trouver le moyen qu'il cherchait. Voltaire venait de publier son *Siècle de Louis XIV*, qui avait alors en France le plus grand retentissement. La Beaumelle le critiqua vivement, ce qui était son droit ; mais, de plus, il imagina, ce qui était plus lucratif qu'honnête, de rééditer à son profit le livre de Voltaire, en l'enrichissant, il est vrai, d'un commentaire injurieux pour l'auteur. De tous côtés, dans des villes de Prusse, parurent des contrefaçons de l'ouvrage, sans que Frédéric daignât rien faire pour arrêter ce brigandage littéraire. C'était là un nouveau froissement et ce qu'il y avait de plus grave, c'est que La Beaumelle était en dessous poussé ou tout au moins soutenu par un personnage d'importance : c'était Maupertuis, qui va maintenant passer du second plan au premier.

Le président perpétuel de l'Académie de Berlin avait été quelque peu rejeté dans l'ombre par la présence de Voltaire, et il n'était pas homme à supporter patiemment cette éclipse. La gloire de son rival lui semblait un vol fait à la sienne ; son caractère impérieux se révoltait contre une supériorité qu'il ne pouvait s'empêcher de sentir. Au dire de Frédéric lui-même [1], « il était enclin aux petites jalousies,

1. *Mémoires de Le Catt.*

brutalement honnête homme, à mille lieues de l'aménité de Voltaire ». Celui-ci, au temps où il n'était pas encore brouillé avec Maupertuis, lui appliquait déjà ce vers :

Ah ! réprimez en vous cette ardeur de régner.

A plusieurs reprises, il y avait eu entre eux échange de mots piquants. C'est le président qui aurait rapporté au roi le mot imprudent par lequel le poète s'érigeait « en blanchisseuse de Sa Majesté ». Cette sourde antipathie ne pouvait manquer de se changer en guerre ouverte.

Maupertuis venait de développer une théorie dont il croyait être l'inventeur. Il avait remarqué qu'en toutes circonstances la nature économise l'effort et fait les plus grandes choses avec le moins de travail possible. C'est ce qu'il appelait le principe de la moindre quantité d'action. Il annonçait au monde entier une découverte féconde, disait-il, en grandes conséquences. Or, un autre académicien de Berlin, un Allemand nommé Kœnig, publiait au même moment un mémoire contenant le fragment d'une lettre de Leibnitz, où la même idée se trouvait exprimée. C'était enlever à Maupertuis la paternité de sa découverte ; c'était le réduire à n'être plus que l'Améric Vespuce de cette région nouvelle dont il prétendait être le Christophe Colomb. Le mémoire, chose bizarre, avait été soumis au président qui l'avait approuvé, sans doute sans l'avoir lu. Mais, quand il eut appris ce qu'il contenait, sa fureur fut extrême et s'emporta en injures des plus graves. Kœnig avait cité de mémoire la lettre de Leibnitz qu'il avait lue jadis, mais dont il n'avait plus l'original. C'en fut assez pour qu'il fût traité de faussaire, accusé de l'avoir supposée, poursuivi avec un acharnement impitoyable. Maupertuis le fit condamner par l'Académie dont il était le maître plus encore que le président et le contraignit ainsi à donner sa démission.

La querelle en était là ; Kœnig élaborait lentement une volumineuse réplique; tout le monde savant glosait sur cette étrange affaire, quand tout à coup paraît une petite brochure intitulée : *Réponse d'un académicien de Paris à un académicien de Berlin.* C'était, sous forme de lettre, un précis très serré, très modéré aussi, de ce qui s'était passé entre les deux géomètres. Maupertuis n'y avait pas le beau rôle. La brochure était anonyme : on ne savait à qui l'attribuer; on soupçonna Voltaire, qui avait déjà sur la conscience plusieurs de ces méfaits anonymes. Suivant sa coutume, il se défendit d'en être l'auteur. Mais on y reconnaissait sa touche et le secret ne fut pas si bien gardé qu'il n'arrivât aux oreilles de Frédéric. Or, le roi tenait à son président, qui était l'âme de son Académie ; il en avait besoin pour donner quelque vie à une institution longtemps demi-morte. Il n'hésita pas, pour le protéger, à entrer lui-même en campagne. Il lança une *Lettre d'un académicien de Berlin à un académicien de Paris;* là, avec une insolence toute royale, il traitait la première brochure de « libelle infâme » et l'auteur, quel qu'il fût, de « misérable ». Frédéric avait cru, lui aussi, en prenant les armes, devoir cacher son nom. Mais il se révélait bientôt et il est aisé d'imaginer que les injures anonymes dont Voltaire avait été gratifié ne lui semblèrent pas plus faciles à digérer, dès qu'elles furent placées sous le nom du roi.

S'il eût été prudent, il se fût enveloppé alors d'un profond silence. Mais il s'ennuyait; Kœnig était son ami, Maupertuis son ennemi, et celui-ci lui fournissait une si belle occasion de le tourner en ridicule qu'il n'eut pas la force de se priver de ce petit plaisir. Le président venait, en effet, de faire paraître un volume de *Lettres* où l'on rencontre des choses vraiment étranges. Le géomètre y propose sérieusement qu'on creuse un grand trou pour pénétrer au centre de la terre, qu'au lieu d'enseigner péniblement le latin à des enfants on crée une ville latine, où l'on ne parlerait, prêcherait, écrirait qu'en latin et où la jeunesse de toute l'Europe apprendrait en moins de rien la langue de Cicéron ; qu'on emploie les condamnés à mort à des expériences scientifiques ; qu'on dissèque, par exemple, leurs cerveaux vivants et qu'on recherche ainsi l'endroit où l'âme est logée. Il y a dans ces lettres bien d'autres singularités. Pour un railleur comme Voltaire, c'était là une bonne aubaine, et il ne put résister à la démangeaison de bafouer le pauvre président. Par un reste de prudence, Voltaire se garde bien de se mettre en scène. Comme Maupertuis a fort malmené les médecins, c'est le « docteur Akakia, médecin du pape », qui est censé composer contre lui une petite *diatribe*. Que dis-je, contre lui ? Le bon Akakia ne veut pas croire qu'un illustre président soit l'auteur de ces billevesées ; il suppose que c'est quelque jeune fou qui s'est emparé d'un nom vénéré et qui a besoin d'une verte leçon. La leçon ne laissa rien à désirer et jamais Voltaire n'avait manié avec plus de légèreté une plume plus acérée. Le président et ses livres furent disséqués tout vivants avec une verve endiablée. Il faut entendre de quel ton les « professeurs du collège de la Sapience » jugent les productions du jeune audacieux qui a osé se faire passer pour Maupertuis :

« ... Il se peut faire que le candidat ait cru inventer quelque chose après Leibnitz ; mais nous dirons à ce jeune homme que ce n'est pas lui qui a inventé la poudre...

« Nous passons plusieurs choses qui fatigueraient la patience du lecteur et l'intelligence de M. l'Inquisiteur ; mais nous croyons qu'il sera fort surpris d'apprendre que le jeune étudiant veuille absolument disséquer des cerveaux de géants hauts de douze pieds pour sonder la nature de l'intelligence humaine. Nous prenons cette occasion de divertir M. l'Inquisiteur.

« Mais M. l'Inquisiteur ne rira plus, quand il verra que tout le monde peut devenir prophète; car l'auteur ne trouve pas plus de difficultés à voir l'avenir que le passé. Il avoue que les raisons en faveur de l'astrologie judiciaire sont aussi fortes que les raisons contre elle... Il espère qu'un peu plus de chaleur et d'*exaltation* dans l'imagination pourra servir à montrer l'avenir, comme la mémoire montre le passé.

« Nous jugeons unanimement que sa cervelle est fort exaltée et qu'il va bientôt prophétiser. Nous ne savons pas encore s'il sera des grands ou des petits prophètes... ; mais, si son âme *exaltée* a vu l'avenir, n'y a-t-elle pas vu un peu de ridicule?...

« ... Il doit encore être assuré qu'il lui sera difficile de faire, comme il le prétend, un trou qui aille jusqu'au centre de la terre (où il veut apparemment se cacher de honte d'avoir avancé de telles choses). Ce trou exigerait qu'on excavât au moins trois ou quatre cents lieues de pays, ce qui pourrait déranger le système de la balance de l'Europe. On ne le suivra pas dans son trou non plus que sous le pôle... »

Un homme ainsi passé par les verges a bien de la peine à se relever, même quand il a raison. Mais, s'il a tort, il est frappé d'un coup qui le tue pour jamais dans l'opinion. Il y avait là de quoi décrier pour toujours Maupertuis et pour longtemps l'Académie de Berlin. Aussi peut-on juger de la colère de Frédéric, quand il sut que le terrible pamphlet s'imprimait en secret et allait éclater comme une bombe au sein de sa capitale.

S'il faut en croire certains chroniqueurs, Frédéric rit beaucoup en lisant cette critique enragée. Mais il pria le poète de lui sacrifier sa vengeance. Il voulut encore savourer une fois toutes ces plaisanteries si amusantes ; il les relut avec Voltaire. Quand on était au bout d'un cahier, on le jetait au feu et Frédéric s'écriait : « O Vulcain ! dieu vorace, dieu cruel ! Tiens ! dévore ! voilà ta proie ! » Le conte est joli, mais c'est grand dommage qu'il ait peu de chances d'être vrai, si l'on en juge par le billet suivant qui ne respire pas la tendresse pour Voltaire :

« Votre efronterie m'étone après ce que vous venez de faire et qui est clair come le jour. Vous persistez au lieu de vous avouer coupable. Ne vous imaginez pas que vous ferez croire que le noir est blanc ; quand on ne voit pas, c'est qu'on ne veut pas tout voir ; mais si vous poussiez l'affaire à bout, je ferai tout imprimer et l'on verra que, si vos ouvrages méritent qu'on vous élève des statues, votre conduite vous mériterait des chaînes »...

Le roi ne se contenta pas de ces reproches amers : il forçait Voltaire à signer un engagement où il promettait solennellement de n'écrire contre personne, tant qu'il aurait l'honneur de loger au château de Sa Majesté. Mais la promesse venait un peu tard. La *Diatribe du docteur Akakia* courait déjà la poste, elle s'imprimait à l'étranger, elle rentrait en cachette à Berlin, elle était lue, admirée, saluée d'un immense éclat de rire ; et le malheureux président, malgré les précautions du roi, se trouva renversé du haut de son piédestal dans la boue. C'était un homme exécuté, voué dès lors à l'immortalité du ridicule.

Frédéric n'avait plus à ménager Voltaire. Il fit brûler solennellement la *Diatribe*, ce qui put consoler Maupertuis, mais ne le guérit pas. Ce fut même, suivant quelques témoins suspects, un nouveau prétexte à sarcasmes. Voltaire aurait dit en regardant le bûcher où se consumait son pauvre docteur : « Voyez donc ! quelle vapeur noire et

« épaisse! C'est l'esprit de Maupertuis qui s'en va en fu-
« mée. »

Il raillait en public; mais à huis-clos il épanchait sa bile en paroles amères. « Roi Vandale! s'écriait-il. [1] Il me tue, « moi qui lui ai corrigé sa prose insipide et ses vers prosaï- « ques. » Voltaire parlait ainsi devant l'abbé de Prades, sans se douter que « frère Gaillard », cet ami de la veille, était envoyé par le roi et chargé de tout lui rapporter. On devine aisément l'effet que produisaient ces emportements sur l'esprit de Frédéric. Aussi était-ce maintenant à Voltaire d'avoir peur.

Il ne songeait qu'aux moyens de quitter Berlin; vainqueur sans doute, mais l'amertume dans l'âme et dégoûté profondément des amitiés royales, il écrivait alors à sa nièce, Madame Denis :

« Comme je n'ai pas dans ce monde-ci cent cinquante mille moustaches à mon service, je ne prétends point du tout faire la guerre. Je ne songe qu'à déserter honnêtement, à prendre soin de ma santé, à vous revoir, à oublier ce rêve de trois années.

« Je vois bien qu'on a pressé l'orange, il faut penser à sauver l'écorce. Je vais me faire, pour mon instruction, un petit dictionnaire à l'usage des rois :

« Mon ami, signifie : mon esclave.

« Mon cher ami veut dire : vous m'êtes plus qu'indifférent.

« Entendez par je vous rendrai heureux : je vous souffrirai tant que j'aurai besoin de vous.

« Soupez avec moi ce soir signifie : je me moquerai de vous ce soir.

« Le dictionnaire peut être long; c'est un article à mettre dans l'Encyclopédie. »

1. *Mémoires de Le Catt.*

Mais ce n'était pas chose facile de quitter « le palais d'Alcine ». Voltaire devait y mettre toutes les formes possibles et il n'était pas sûr que Frédéric consentît à le laisser aller : car c'était un des travers, je dirais presque une des manies, du roi de ne pas vouloir permettre à ses courtisans les plus intimes de partir, alors même qu'il était en très mauvais termes avec eux. Voltaire commença par renvoyer au prince « les brimborions », comme il disait, dont il avait été honoré, c'est-à-dire la croix et la clef de chambellan. Il affectait d'être désolé ; il adressait en même temps au roi ce quatrain tout à fait câlin :

> Je les reçus avec tendresse,
> Je vous les rends avec douleur ;
> C'est ainsi qu'un amant, dans son extrême ardeur,
> Rend le portrait de sa maîtresse.

Frédéric était fort embarrassé. Il eût voul.. garder encore Voltaire ; il savait qu'il ne remplacerait pas aisément cet esprit étincelant ; il l'obligeait à reprendre les titres et décorations dont le poète voulait se démettre ; il semblait même lui rendre sa faveur, il le priait d'assister, comme autrefois, aux soupers de Sans-Souci. Mais la confiance entre eux ne pouvait plus exister : l'amitié est une plante qui ne refleurit guère, une fois qu'elle a été brisée. Voltaire n'était pas fâché de paraître rentré en grâce ; il faisait sonner bien haut à ses amis de Paris ce retour d'amabilité royale ; mais il ne songeait qu'à partir le plus vite possible. Il avait toujours, en pareille occurrence, un prétexte tout prêt. C'était sa santé précaire. Il trouvait à point nommé une maladie toute prête et c'est ainsi que son médecin lui ordonna justement d'aller prendre les eaux de Plombières. Frédéric riposta en disant qu'il y avait des eaux tout aussi efficaces en Silésie. Voltaire objecta le climat et fit de son départ pour Plombières le refrain de toutes ses conversations. Frédéric finit par perdre patience et accorda d'une façon maussade ce congé qu'il ne pouvait plus décemment refuser. Voltaire promettait de revenir : mais le roi et lui savaient parfaitement à quoi s'en tenir sur ce point. Une fois le mot décisif lâché par le roi, il partit sans perdre un instant, mettant autant d'empressement à quitter Berlin qu'il en avait mis à y accourir.

Voltaire se croyait tout à fait tiré des griffes de Frédéric II, une fois qu'il eut franchi les frontières de Prusse; aussi se mit-il à voyager à son aise. Obligé de quitter Berlin, pendant que Maupertuis y restait, il avait une apparence de revanche à prendre, un supplément de vengeance à exercer. Il lança de Leipsick un nouvel opuscule intitulé : *Traité de paix*. Sous prétexte de rédiger les conditions d'un accord imaginaire survenu entre Kœnig et son adversaire, Voltaire décochait de nouvelles flèches au Président.

« Si nous allons aux terres Australes, nous promettons à l'Académie de lui amener quatre géants hauts de douze pieds et quatre hommes velus avec de longues queues; nous les ferons disséquer tout vivants, sans prétendre pour cela connaître mieux la nature de l'âme que nous ne la connaissons aujourd'hui ; mais il est toujours bon, pour le progrès des sciences, d'avoir de grands hommes à disséquer.

« A l'égard du trou que nous voulions percer jusqu'au noyau de la terre, nous nous désistons formellement de cette entreprise ; car, quoique la vérité soit au fond d'un puits, ce puits serait trop difficile à faire. Les ouvriers de la tour de Babel sont morts ; aucun ne veut se charger de notre trou, parce que l'ouverture serait un peu trop grande et qu'il faudrait excaver au moins toute l'Allemagne... Ainsi nous laisserons la face du monde telle qu'elle est; nous nous défierons de nous-mêmes toutes les fois que nous voudrons creuser et nous nous arrêterons constamment à la superficie des choses. »

Maupertuis commit alors une faute de plus. Il envoya à son ennemi une lettre écrite d'un ton de matamore et qui pouvait passer pour un véritable cartel. Or, Voltaire malade, Voltaire frisant la soixantaine, n'avait pas la moindre envie de se battre en duel. Il ne vit là qu'un nouveau texte à plaisanteries et, sous le nom du bon docteur Akakia, il riposta gaîment au malencontreux président. Il feint d'avoir peur; il appelle à son secours écoliers et professeurs de l'Université, marchands et habitants de Leipsick, médecins et apothicaires; il fait insérer dans les journaux et afficher dans les rues l'avis suivant :

« Un quidam ayant écrit une lettre à un habitant de Leipsick, par laquelle il menace ledit habitant de l'assassiner et, les assassinats étant visiblement contraires aux privilèges de la Foire, on prie tous et chacun de donner connaissance dudit quidam, quand il se présentera aux portes de Leipsick. C'est un philosophe qui marche en raison composée de l'air distrait et de l'air précipité, l'œil rond et petit et la perruque de même, le nez écrasé, la physionomie mauvaise; ayant le visage plein et l'esprit plein de lui-même, portant toujours scalpel en poche pour disséquer les géants de haute taille. Ceux qui en donneront connaissance auront mille ducats de récompense assignés sur les fonds de la ville Latine que ledit quidam fait bâtir ou sur la première comète d'or et de diamant qui doit tomber incessamment sur la terre, selon les prédictions dudit quidam philosophe et assassin. »

Ainsi garanti contre une attaque inopinée, le docteur Akakia se fait un plaisir de répondre à la missive qu'il a reçue :

« Monsieur le Président,

« J'ai reçu la lettre dont vous m'honorez. Vous m'apprenez que vous vous portez bien, que vos forces sont entièrement revenues et que vous me menacez de venir m'assassiner... Quelle ingratitude envers votre pauvre médecin Akakia !..... Ce procédé n'est ni d'un président d'Académie ni d'un bon chrétien, tel que vous êtes. Je vous fais mon compliment sur votre bonne santé ; mais je n'ai pas tant de force que vous. Je suis au lit depuis quinze jours et je vous prie de différer la petite expérience de physique que vous voulez faire. Vous voulez peut-être me disséquer ? Mais songez que je ne suis pas un géant des terres Australes et que mon cerveau est si petit que la découverte de ses fibres ne vous donnera aucune notion de l'âme. De plus, si vous me tuez, ayez la bonté de vous souvenir que M. de la Beaumelle m'a promis de me poursuivre jusqu'aux enfers ; il ne manquera pas de m'y aller chercher ; quoique le trou qu'on doit creuser par votre ordre jusqu'au centre de la terre et qui doit mener tout droit en enfer, ne soit pas encore commencé, il y a d'autres moyens d'y aller, et il se trouvera que je serai malmené dans l'autre monde, comme vous m'avez persécuté dans celui-ci. Voudriez-vous, Monsieur, pousser l'animosité si loin ?

« Ayez encore la bonté de faire une petite attention : pour peu que vous vouliez exalter votre âme pour voir clairement l'avenir, vous verrez que si vous venez m'assassiner à Leipsick, où vous n'êtes pas plus aimé qu'ailleurs et où votre lettre est déposée, vous courez quelque risque d'être pendu, ce qui avancerait trop le moment de votre maturité et serait peu convenable à un président d'Académie...

« Au reste, je suis encore bien faible ; vous me trouverez au lit et je ne pourrai que vous jeter à la tête ma seringue et mon pot de chambre ; mais, dès que j'aurai un peu de force, je ferai charger mes pistolets « cum pulvere pyreo », et, en multipliant la masse par le carré de la vitesse jusqu'à ce que l'action et vous soyez réduits à zéro, je vous mettrai du plomb dans la cervelle ; elle paraît en avoir besoin.

« Il sera triste pour vous que les Allemands... aient inventé la poudre, comme vous devez vous plaindre qu'ils aient inventé l'imprimerie.

« Adieu, mon cher président,

Akakia. »

« P. S. — Comme il y a ici cinquante à soixante personnes qui ont pris la liberté de se moquer prodigieusement de vous, elles demandent quel jour vous prétendez les assassiner. »

Ce fut dans toute l'Allemagne, dans toute l'Europe, un nouvel éclat de rire, et Maupertuis ne gagna pas autre chose à sa folle équipée que d'être proprement achevé.

Cette dernière victoire de Voltaire eut pourtant pour lui des conséquences fâcheuses. Elle porta aux dernières limites l'exaspération de Frédéric. Il ne parlait plus de son ancien ami que comme d'un scélérat méritant d'être rompu sur la roue ; il se chargeait encore de répondre au nom de Maupertuis et envoyait au vainqueur toute une longue liste d'invectives : s'il faut tout dire, il n'était pas trop rassuré pour son propre compte ; il craignait que la majesté royale ne suffît pas à le protéger contre un homme qui saurait bien, s'il le voulait, faire rire tout le monde aux dépens du philosophe de Sans-Souci. Mais Voltaire ne songeait pas à mal ; il continuait paisiblement sa route, hébergé dans deux ou trois cours princières ; et, le 31 mai 1753, il entrait dans la ville de Francfort-sur-le-Main, sans se douter de l'orage qui allait y fondre sur lui.

Voltaire y avait été précédé par des ordres du roi de Prusse enjoignant de lui reprendre, de gré ou de force, la clef de chambellan, la croix et le ruban de l'ordre du Mérite,

FRANCFORT-SUR-LE-MAIN

tous les manuscrits où l'on reconnaîtrait la main de Frédéric, enfin un volume de poésies, qui était aussi l'œuvre du roi-poète. Le résident prussien, nommé Freytag, devait arrêter Voltaire jusqu'à ce qu'il eût rendu tous les objets en question. Aussi à peine Voltaire était-il descendu dans un hôtel de Francfort qu'il s'y trouvait consigné; il y recevait la visite peu cordiale du résident flanqué d'un officier prussien et il y écoutait avec surprise le singulier message dont ils étaient chargés. Voltaire pouvait s'étonner d'être ainsi appréhendé au corps sur un territoire qui n'appartenait pas au roi : mais ce n'était pas la dernière fois que le droit devait céder devant la force et que la soi-disant ville libre de Francfort devait être violée par les Prussiens. Il ne fit pas toutefois de difficulté : il restitua sans peine le ruban, la croix et la clef qu'il avait déjà une fois rendus à Frédéric; quant à l'*œuvre de poésie*, il déclara que ses ballots étaient à Leipsick, mais qu'à leur arrivée il ne demandait pas mieux que de se dessaisir de ce précieux ouvrage. Tout paraît arrangé; on écrit à Leipsick; on promet de le laisser partir dès que les bagages seront parvenus à Francfort. Voltaire travaille tranquillement; mais les jours se passent et rien n'arrive; confiné dans sa chambre, assailli de visiteurs qui viennent le considérer comme une bête curieuse, il s'impatiente, il s'irrite de se sentir ainsi retenu contre tout droit de gens; il s'exalte peu à peu, il proteste, il s'adresse au bourgmestre, il s'adresse à l'empereur d'Allemagne, puisque Francfort est ville impériale.

Pendant qu'il se dépite, arrive sa nièce, madame Denis; elle écrit à Frédéric; elle lui rappelle ces mots tracés de sa main aux jours de la lune de miel : « Je serais au désespoir « d'être cause du malheur de mon ennemi; comment pour-« rais-je l'être du malheur de mon ami? » Mais où étaient les neiges d'antan? Frédéric ne répond pas. Pendant ce temps, au bout de dix-huit jours d'attente, le ballot arrive enfin de Leipsick. Mais (scrupule imprévu!) le résident prussien n'ose ouvrir la caisse; il lui faut des ordres nouveaux; Voltaire offre en vain de rendre tout ce qu'on voudra, il se voit encore retenu en dépit de promesses formelles, et alors il bondit de colère; il est hors de lui, il s'imagine qu'on veut le garder prisonnier, il ne rêve plus que la fuite, il élude la surveillance dont il est l'objet, monte en voiture, enfile la route de France; mais Freytag court après lui et le rattrape juste à la frontière. Résister eût été folie, d'autant plus que le bon résident était armé et déclara plus tard qu'il n'eût pas hésité à loger une balle dans la tête du fugitif. Voltaire est alors, comme un malfaiteur, ramené de force à travers les rues de Francfort où la foule s'est amassée; arrivé à l'hôtel, il est gracieusement allégé de sa montre, de son argent, de ses bijoux, voire même de sa tabatière. Tout à coup il disparaît par une porte entr'ouverte; on croit qu'il se sauve de nouveau. On se précipite à sa suite; et c'est une scène digne de M. Pourceaugnac. Voltaire ne parvient pas même à se dégager de ses gardiens en criant : « Ne puis-je donc pas pourvoir aux besoins de la nature? » Dès lors on l'interne dans sa chambre avec trois soldats la baïonnette au bout du fusil. Son secrétaire se plaint du traitement fait à son maître : on le traite de même. Madame Denis proteste auprès du bourgmestre. M. le Résident l'appelle « effrontée drôlesse » et la fait arrêter par trois soldats, qui la suivent jusque dans sa chambre, toujours la baïonnette au bout du fusil, et qui, suivant l'expression de Voltaire, lui tiennent lieu de rideaux et de femmes de chambre.

Pendant que se passent ces événements tragi-comiques, arrive une lettre de Frédéric ordonnant de mettre en liberté Voltaire, quand même le fatal ballot ne serait pas arrivé.

On pourrait croire que la pièce est finie. Mais point. L'honnête résident commence par reprendre le livre *de poéshies* du roi son maître, comme il disait en son langage. Frédéric peut désormais être rassuré : ses vers satiriques, son poème du *Palladion*, où il se moque d'une foule de hauts personnages, ne seront pas ébruités par Voltaire. Pourquoi donc ne pas le laisser aller? C'est que Voltaire à Francfort a commis un nouveau crime. Il a voulu s'enfuir, et M. le Résident demande de nouveaux ordres pour savoir comment il faudra punir un attentat aussi grave. Et puis, n'est-il pas juste que Voltaire paye les frais qu'a causés à la justice et à M. le Résident son arrestation? Ce sera seulement cent vingt-huit écus et quarante kreutzers par jour. Et Voltaire négocie avec ceux qui le tondent si galamment, il se fait humble, il écrit à la sœur de Frédéric, la margrave de Bayreuth; il adresse des suppliques au baron Freytag et à son acolyte, le conseiller Schmid; et tout à coup il a des retours de fureur, il menace d'un pistolet un des pillards subalternes qui le détroussent, ce qui faillit lui créer une nouvelle affaire. Enfin, le 7 juillet (après trente-sept jours de détention), arrive l'ordre de le laisser partir. Il part sans argent, sans effets, et c'est seulement un mois après qu'il recevra les restes de son bagage; car on eut soin de prélever d'abord tous les frais qu'avait occasionnés son séjour forcé dans la ville hospitalière de Francfort.

Ainsi finissaient par cette odyssée burlesque et par ces brutalités inexcusables les rapports directs de Voltaire avec le Salomon du Nord. Les écrivains allemands de nos jours, qui ont conté cette querelle, ont donné tous les torts à Voltaire; ils ont complètement approuvé la conduite de Frédéric et ils ont eu pour cela deux motifs excellents : c'est qu'il était roi et allemand. Mais c'est vraiment se montrer plus royaliste et plus allemand que le roi de Prusse.

Frédéric, la chose faite, s'en repentit; il fit sentir à ses fidèles serviteurs qu'ils avaient décidément mis trop de zèle à son service ; il disait plus tard en parlant de l'aventure [1] : « J'en ai ri, mais soyez sûr que ce butor de Freytag a outrepassé mes ordres. Je lui avais recommandé simplement de me faire ravoir mon livre de poésies et ce rustre l'a redemandé avec une dureté que j'ai désapprouvée. » Frédéric pouvait, dans l'intimité, qualifier ses agents comme ils le méritaient; mais il les couvrit de sa responsabilité.

Quant à Voltaire, il sortait de ce débat meurtri; mais les violences dont il avait été victime étaient plus odieuses encore que risibles et le premier châtiment de Frédéric fut de se sentir amoindri dans l'opinion publique. Ce ne fut pas le seul. Voltaire n'avait pas d'armée ni de ministre à ses ordres pour rendre coup pour coup ; mais il avait sa plume. Il écrivit quelques pages sous le titre de *Mémoires pour servir à l'histoire de ma vie;* et c'est là que revit le grand Frédéric avec ses petitesses et ses vices, c'est là que l'on peut chercher le revers de l'histoire officielle. Tous les détails n'y sont peut-être pas d'une exactitude parfaite ; la passion a plus d'une fois emporté l'auteur ; mais le tableau y est tracé de main de maître, et quand ce petit ouvrage, que Voltaire n'osa pas ou ne voulut pas publier lui-même, parut après sa mort dans ses œuvres complètes, les étranges révélations qu'il contenait durent arracher aux vieux roi une laide grimace et réveiller en lui le regret de sa campagne de Francfort.

Au moment où Voltaire quitte ainsi le roi de Prusse pour ne plus le revoir, il convient de se demander quel a été sur lui l'effet de ce séjour en Prusse.

Son génie était trop français pour subir l'influence de

1. *Mémoires de Le Catt.*

l'Allemagne. Il ne se donna pas la peine d'étudier à fond la langue du pays, cette langue si douce et si harmonieuse, comme il disait ironiquement. Il ne voulait en savoir que ce qu'il fallait pour se faire entendre de son postillon. Il parlait même des Allemands avec autant d'irrévérence que Frédéric. Un jour, il avait demandé des figurants pour une représentation qu'il organisait à Postdam : on lui donne des soldats lourds, gauches, embarrassés, et il s'écrie dans une boutade plaisante : « J'ai demandé des hommes et l'on m'envoie des Allemands. » Le seul écrivain destiné à la célébrité qu'il connut à Berlin fut Lessing, encore au début de sa carrière. Le jeune homme fut même assez maltraité par lui à cause d'un procédé imprudent qu'il avait eu à son égard et la rancune persistante, qui fit de Lessing, suivant l'expression allemande, un si acharné mangeur de Français, vient en partie de ces rapports désagréables avec l'hôte de Sans-Souci. Voltaire partit donc de l'Allemagne sans soupçonner le grand renouvellement qui s'y préparait; il ne se doutait pas plus que Frédéric du brillant essor qu'allaient y prendre la poésie, l'histoire et la philosophie, et il se contentait de souhaiter aux poètes d'outre-Rhin plus d'esprit et moins de consonnes.

Si l'Allemagne ne marqua pas de son empreinte le génie de Voltaire, elle ne fut pourtant pas inutile à son développement d'une façon tout à fait indirecte. Voici comment : il est aisé de remarquer dans ses œuvres une recrudescence de hardiesse, dès qu'il est assuré de la protection d'un roi. En France, la crainte de la Bastille était un frein qui le gênait singulièrement; en Prusse, il se sentit libre de dire, contre la religion surtout, des choses que, jusque-là, il avait dû garder en lui-même. A Potsdam, il lui fut permis de se poser, plus que partout ailleurs, en apôtre de la libre pensée ou, comme il disait, « en théologien de Belzébuth ».

C'est là qu'il commence son *Dictionnaire philosophique*, vaste répertoire d'arguments et de railleries contre le Vieux et le Nouveau Testament. Le projet de cet ouvrage destiné à combattre le christianisme naquit au beau milieu d'un de ces soupers où les esprits achevaient de s'émanciper. Le roi, du reste, poussa tant qu'il put Voltaire dans la voie irréligieuse et satirique. Plus tard, dans les lettres qu'il lui écrira, reviendra comme un refrain ce conseil : « Croyez-moi, achevez la *Pucelle !* » Lui qui regardait comme une flatterie d'être comparé à Julien l'Apostat, il accusera Voltaire d'être bigot, il le trouvera trop doux pour le clergé, il lui reprochera, comme il dit, « sa condescendance pour la prêtraille » ; et pourquoi ce reproche, qui a droit de surprendre, quand il s'adresse à Voltaire ? C'est que Voltaire s'était, dans une poésie, servi de l'expression « d'Homme-Dieu » en parlant de Jésus-Christ.

Frédéric craignait de sa part une défaillance finale : « Vous verrez, disait-il, qu'à son lit de mort il fera venir un prêtre et qu'il se confessera. Cet homme nous déshonorera tous. » On a coutume de croire ou de dire que Voltaire, c'est la négation universelle, l'irréligion personnifiée. On répète volontiers ce vers de Musset :

> Voltaire jette à bas tout ce qu'il voit debout.

Il faut pourtant savoir que, parmi les sceptiques de Sans-Souci, il s'est trouvé représenter la modération dans l'incrédulité.

Quoi que pussent dire ses compagnons, il resta obstinément attaché à la croyance en Dieu ; hésitant sur l'immortalité de l'âme, il ne fut pleinement converti à des opinions plus hardies que sur la question du libre arbitre ; il avait commencé à le défendre pied à pied contre les arguments de Frédéric ; mais il se rendit à ses raisons et se défit pour jamais de sa foi primitive en ce dogme philosophique.

Il est donc certain que les idées de Voltaire se ressentirent du milieu où il vécut alors; mais, à ne considérer que la liste de ses ouvrages, ce séjour en Prusse fut, dans sa longue carrière, une époque relativement stérile. Son temps pris par les soupers, les querelles, la correction des ouvrages du roi, ne lui permettait plus cette activité multiple qui était sa vie et, à tout point de vue, pour son caractère, qui se gâtait, pour son esprit, qui se dépensait en menue monnaie, sa rupture avec Frédéric fut un accident heureux qui le rendit à lui-même.

CHAPITRE VII

ÉTAT DES ESPRITS AU MILIEU DU DIX-HUITIÈME SIÈCLE

Voltaire, après les avanies qu'il avait subies, était pour jamais dégoûté des cours. Après avoir vécu chez les rois, il voulait vivre en roi chez lui. Mais, où fixer son domicile? Là était l'embarras. A Paris, on était près de la Bastille, et le roi avait fait entendre qu'il ne désirait pas le voisinage incommode d'un sujet aussi turbulent. Il cherchait quelque part un château qui ne fût pas loin d'une frontière; il pensa d'abord à l'Alsace. Mais on venait d'y brûler solennellement les ouvrages de son ami le marquis d'Argens; les Jésuites y étaient tout-puissants et les anciens maîtres de Voltaire n'étaient plus ses amis. Il essaya bien de les gagner par une comédie peu digne qu'il a répétée deux ou trois fois dans sa vie. Il se confessa et communia bien dévotement. A ceux qui le lui reprochaient, il répondait : « Je « conçois qu'un diable aille à la messe, quand il est en « terre papale. » Il disait encore : « Si j'avais cent mille « hommes, je sais bien ce que je ferais; mais, comme je ne « les ai pas, je ferai mes Pâques et vous m'appellerez hypo« crite tant que vous voudrez. » Ce n'était pas, à coup sûr, l'acte d'un héros; mais Voltaire n'avait aucune prétention à l'héroïsme et il trouvait bon de plier sous l'autorité de l'Eglise, quitte à la narguer et à l'ébranler plus tard. Cette capucinade ne trompait d'ailleurs personne et Voltaire le sentait bien. Aussi dit-il adieu à l'Alsace en se tournant du côté d'un pays plus libre, du côté de la Suisse. Déjà il avait écrit de Berlin aux avoyers de Berne pour tâter le terrain : c'était un vieux projet qui allait passer de l'état de rêve à celui de réalité.

Voltaire commençait une vie nouvelle; pour la comprendre, il faut connaître la situation intellectuelle de la France, au moment où il rentrait ainsi dans le courant français.

La littérature française, pendant le XVIIIe siècle, a certains caractères qui persistent d'un bout à l'autre. C'est ainsi qu'elle est polémique, militante. Les écrivains ne se contentent plus de plaire au public : ils veulent agir sur lui. Ils veulent faire pénétrer dans les esprits leurs idées; ils veulent instruire, corriger, convaincre ceux qui les écoutent; ils préparent une réforme, une métamorphose complète de la société. Tout ce qu'ils écrivent prend un caractère pratique; ils ne perdent jamais de vue le but qu'ils poursuivent. Tout devient prétexte à thèse, à attaques contre ce qui les environne; au théâtre, dans le roman, dans les poèmes épiques, partout, en un mot, se glisse la critique des abus, des croyances, des institutions. Ce n'est pas tout. Cette littérature de combat est en même temps philosophique. Le XVIIIe siècle s'est appelé lui-même « le siècle de la philosophie »; mais il faut bien comprendre le sens de ce mot à cette époque. Il désigne une disposition habituelle de l'esprit à chercher l'explication des choses, à tout soumettre au contrôle de la raison individuelle, à porter partout le doute et l'examen. C'est, comme on l'a dit, plutôt une direction qu'une doctrine. Pour s'ériger alors en philosophe, pas n'est besoin d'études spéciales et d'opinions bien arrêtées sur la destinée de l'homme. Il suffit de se déclarer libre de toute croyance préconçue, de tout préjugé, pour employer le mot consacré dont on use et abuse à cette époque. Aussi les écrivains, j'entends ceux qui sont novateurs à un degré quelconque, forment-ils un parti compact : serrés les uns contre les autres, ils s'intitulent les philosophes et ils réunissent leurs forces contre l'ennemi commun, le clergé d'abord, l'Etat ensuite.

Il en fut ainsi jusqu'à la Révolution française, où les théories sortirent des livres pour courir les rues. Mais dans ce grand mouvement d'idées, qui devait transformer la France, le milieu du XVIIIe siècle est une date importante.

C'est le moment où les philosophes essayent d'élever en commun un monument où sera résumée la science de leur temps ; cet édifice immense, c'est l'*Encyclopédie,* dictionnaire énorme dont la lourde masse est animée de l'esprit nouveau, gigantesque machine de guerre destinée à battre en brèche les remparts et les fondements de l'ancienne société.

Au point de vue religieux, la guerre que Voltaire et bien d'autres ont faite au christianisme a déjà porté des fruits. Le clergé sent son pouvoir ébranlé ; il a perdu son empire sur les âmes et même il est menacé de perdre ses biens et ses privilèges. Bientôt l'ardeur de nier ne fait plus grâce à aucune croyance religieuse. Les déistes paraissent des attardés : l'athéisme marche le front levé et s'étale dans les salons comme dans les livres. Hume, le célèbre historien anglais, fut un jour invité chez le baron d'Holbach, celui qu'on appelait le maître d'hôtel de la philosophie, parce que ses soupers étaient le rendez-vous des plus hardis libres penseurs. Hume disait qu'il n'avait jamais vu d'athée. — « Regardez autour de vous, lui dit son voisin. Nous sommes dix-huit à table ; eh bien ! il y en a quinze qui ne « croient pas à l'existence de Dieu et les trois autres ne savent trop qu'en penser. » A cette époque, l'incrédulité a presque ses fanatiques qui se croient obligés de faire la guerre à Dieu et de le chasser de partout. La morale du devoir disparaît, emportée dans le même tourbillon que les dogmes chrétiens. L'intérêt ou le plaisir sont proclamés comme les guides infaillibles de l'homme.

Mais nous sommes arrivés à un de ces points culminants, qui sont des points d'arrêt dans la marche des idées. Certains esprits, effrayés de se sentir emportés trop loin, essayent d'enrayer le mouvement. En d'autres termes, il y a schisme parmi les philosophes. « Ils en feront tant, disait l'un d'eux, Duclos, qu'ils me forceront d'aller à la messe. » Sans aller jusque-là en religion comme en morale, une réaction commence et l'instrument le plus actif en sera J.-J. Rousseau. Au milieu des négations il apporte un élément positif; il est profondément religieux, il se proclame chrétien, il adresse au Dieu qu'il reconnaît les plus vives et les plus éloquentes apostrophes. Il célèbre l'immortalité de l'âme, il en appelle à cette lumière intérieure qui se nomme la conscience; il oppose à tous les raisonnements un sentiment invincible et à ceux qui doutent de la vie future il réplique : « Non, j'ai trop souffert en cette vie pour n'en « pas attendre une autre. Je sens qu'il doit me revenir quel- « que chose. »

Voltaire lui-même fait des réserves. Il écrit bien un jour à l'un de ses amis : « Détruisez, détruisez tout ce que vous pourrez; vous servirez l'Etat et la philosophie. » Une autre fois un magistrat lui dit : « Que mettrez-vous à la place, si « vous supprimez la religion chrétienne? » Et Voltaire réplique : « Comment! On vous délivre d'une bête féroce « et vous demandez ce qu'il faut mettre à la place! » Il semble donc, au premier abord, qu'il n'épargne rien de ce qui est à ses yeux entaché de christianisme. Pourtant il fait grâce à la morale de l'Evangile. Dans un petit traité, qui

J.-J. ROUSSEAU
NÉ A GENÈVE
LE XXVIII JUIN MDCCXII
MORT A ERMENONVILLE
LE III JUILLET MDCCLXXVIII

porte ce titre significatif : *Dieu et les hommes, œuvre théologique, mais raisonnable*, il demande qu'on greffe le vieil arbre au lieu de l'arracher. Sans doute il refuse à Jésus le titre de Dieu ; mais il l'appelle un sage, un Socrate rustique. Il a pour lui un sentiment fait de vénération et de pitié. Il se suppose quelque part transporté par un archange dans la région où habitent, après leur mort, tous les sages de la terre. Il y rencontre Pythagore, Zoroastre, Socrate, enfin un homme doux et affable aux mains et aux pieds saignants. Il l'interroge et termine ainsi le récit de son voyage dans les pays d'outre-tombe :

« J'étais près de le supplier de vouloir bien me dire au juste qui il était. Mon guide m'avertit de n'en rien faire. Il me dit que je n'étais pas fait pour comprendre ces mystères sublimes. Je le conjurai seulement de m'apprendre en quoi consistait la vraie religion.

« — Ne vous l'ai-je déjà pas dit ? Aimez Dieu et votre prochain comme vous-même.

« — Quoi ! en aimant Dieu, on pourrait manger gras le vendredi ?

« — J'ai toujours mangé ce qu'on m'a donné ; car j'étais trop pauvre pour donner à dîner à personne.

« — En aimant Dieu, en étant juste, ne pourrait-on pas être assez prudent pour ne pas confier toutes les aventures de sa vie à un inconnu ?

« — C'est ainsi que j'en ai toujours usé.

« — Ne pourrais-je, en faisant du bien, me dispenser d'aller en pèlerinage à Saint-Jacques-de-Compostelle ?

« — Je n'ai jamais été dans ce pays-là.

« — Faudrait-il me confiner dans une retraite avec des sots ?

« — Pour moi, j'ai toujours fait de petits voyages de ville en ville.

« — Me faudrait-il prendre parti pour l'Eglise grecque ou pour la latine?

« — Je ne fis aucune différence entre le Juif et le Samaritain, quand je fus au monde.

« — Eh bien ! s'il en est ainsi, je vous prends pour mon seul maître.

« Alors il me fit un signe de tête qui me remplit de consolation ; la vision disparut, et la bonne conscience me resta [1]. »

Voltaire se déclarant disciple de Jésus ! Voilà qui paraîtrait bien contradictoire avec sa haine pour le christianisme, s'il n'ajoutait que le Christ ne voulut pas être fondateur d'une religion nouvelle, et qu'il n'eût pas consenti « à être chrétien ». Voltaire ira même jusqu'à le considérer comme un de ses précurseurs, comme un homme qui représenta de son temps la révolte de la raison contre le dogme, comme un ennemi du fanatisme et de l'hypocrisie, comme un martyr des haines cléricales.

On pourrait dire que, si Voltaire dépouille Jésus de sa divinité, c'est pour dégager Dieu de toute humanité. En effet (qu'on l'en blâme ou l'en loue), Voltaire fut toute sa vie l'apôtre du déisme, de ce qu'il appelait la religion naturelle. Il défendait avec acharnement l'existence de Dieu tout en flagellant sans pitié les prêtres : il prétendait, comme il le disait, corriger les valets, tout en respectant le maître. Un jour, un homme qu'il ne connaît pas se présente chez lui : « Qui êtes-vous ? — Je suis garçon athée pour vous servir. — Eh bien ! mon ami, reprend Voltaire, nous ne pouvons nous entendre. Car moi, je suis maître déiste. » Il disait vrai. En vers comme en prose, il ne cessa de combattre pour un dogme qu'il croyait inattaquable ; et de la

1. Article Religion, *Dictionnaire philosophique*.

sorte, en France comme à Sans-Souci, il se trouva, non pas à l'avant-garde, mais dans le gros de l'armée philosophique.

Ainsi, au point de vue moral et religieux, le milieu du XVIIIe siècle marque donc, d'un côté, une plus grande hardiesse de la tendance à tout nier et à tout renverser, et d'autre part, ce qui en est la conséquence logique, le début d'une réaction qui ramène les esprits vers le christianisme et les doctrines spiritualistes.

Au point de vue politique, la même date marque le commencement de la guerre violente contre le pouvoir absolu. C'est le tour de l'Etat après l'Eglise. Ici nous ne trouvons plus parmi les philosophes deux courants contraires. Il n'en existe qu'un seul. Tous, à des degrés divers, combattent le despotisme et poussent du côté de la liberté. Il y a bien des nuances sans doute entre les écrivains. Les uns s'arrêtent à la monarchie tempérée comme en Angleterre, les autres vont jusqu'à la république démocratique. Ici, Rousseau, loin d'inaugurer une réaction, est celui qui s'élance le plus avant et, dans son ardeur, il ira jusqu'à vouloir supprimer la société, jusqu'à attaquer la propriété, jusqu'à se faire le précurseur des théories les plus audacieuses de notre siècle.

Ce qui est surtout frappant dans cette seconde moitié du siècle, c'est l'intérêt puissant qui s'attache aux questions d'ordre public. C'est vers 1750 que se constitue l'économie politique. « Vers l'an 1750, » dit Voltaire, « la nation rassasiée de vers, de tragédies, d'opéras, de romans, d'histoires « romanesques, de réflexions morales plus romanesques « encore et de disputes théologiques sur la grâce et les convulsions, se mit enfin à raisonner sur les blés. Adieu nos « beaux arts, si les choses continuent ainsi, » s'écriait-il, et pourtant telle était la force du courant que lui-même, après l'avoir vainement combattu, s'y laissera entraîner comme les autres.

Nous l'avons quitté à l'instant où il tournait ses regards vers la Suisse. Les rives du Léman lui plaisaient par-dessus tout. Il songeait à se fixer au château d'Allaman; mais une loi défendait à tout catholique de posséder des biens fonds en ce pays réformé, et Voltaire, qui ne s'attendait pas à être jamais trouvé trop catholique, était pourtant empêché par là d'y devenir propriétaire. On éluda la loi en sa faveur. De Berne, comme de Genève, arriva sur sa requête une gracieuse permission de résider et d'acquérir des domaines en terre protestante. Il commença par louer ce qu'il appelait son ermitage de Monrion (entre le lac et Lausanne); il voulait faire connaissance avec le climat et les gens du pays. L'essai fut heureux ; Voltaire se moque alors des badauds de Paris qui se figuraient la Suisse comme un pays toujours couvert de neiges, tout sillonné de précipices et tout peuplé d'ours; il est ravi; le pays de Vaud est une nouvelle Attique ; ses habitants, tous bonnes gens et gens d'esprits. Son enthousiasme se traduit bientôt par l'achat d'une grande maison rue du Grand-Chêne et il faut l'entendre célébrer sa conquête :

« Cent jardins sont au-dessous de mon jardin. Le grand miroir du lac les baigne. Je vois toute la Savoie au-delà de cette petite mer, et, par delà la Savoie, les Alpes qui s'élèvent en amphithéâtre et sur lesquelles les rayons du soleil forment mille accidents de lumière. M. des Alleurs n'avait pas une plus belle vue à Constantinople. Dans cette douce retraite on ne regrette point Potsdam. »

C'est là sa résidence d'hiver. Pour l'été, Voltaire s'est créé une autre habitation sur le territoire de Genève. Elle s'appelait « Saint-Jean »; il la baptise « mes Délices », et le voilà jardinier, maçon, architecte, et enchanté de faire tous ces métiers. Cette fois son ravissement s'échappe en vers lyriques :

O maison d'Aristippe, ô jardins d'Epicure,
Vous qui me présentez dans vos enclos divers
Ce qui souvent manque à mes vers,
Le mérite de l'art soumis à la nature,
Recevez votre possesseur.
. . . .
Que le chantre flatteur du tyran des Romains,
L'auteur harmonieux des douces Géorgiques,
Ne vante plus ces lacs et leurs bords magnifiques,
Ces lacs que la nature a creusés de ses mains
Dans les campagnes italiques.
Mon lac est le premier ; c'est sur ses bords heureux
Qu'habite des humains la déesse éternelle,
L'âme des grands travaux, l'objet des nobles vœux,
Que tout mortel embrasse ou désire ou rappelle,
Qui vit dans tous les cœurs et dont le nom sacré
Dans les cours des tyrans est tout bas adoré,
La Liberté. . . . .
On ne voit point ici la grandeur insultante
Portant de l'épaule au côté
Un ruban que la vanité
A tissu de sa main brillante.
On n'y méprise point les travaux nécessaires.
Les états sont égaux et les hommes sont frères,
Liberté, Liberté, ton trône est dans ces lieux.
. . . .
Viens m'y faire un destin nouveau.
Embellis ma retraite où l'Amitié t'appelle;
Sur de simples gazons viens t'asseoir avec elle.
Elle fuit, comme toi, les vanités des cours,
Les cabales du monde et son règne frivole.

O deux divinités, vous êtes mon recours ;
L'une élève mon âme et l'autre la console;
Présidez à mes derniers jours.

A ces deux divinités (amitié, liberté) qu'il venait chercher si loin, Voltaire aurait pu en ajouter une troisième, la santé! Ce qui le retenait à Genève, c'était en grande partie la présence de son médecin, le fameux Tronchin. Car Voltaire, il ne faut pas l'oublier, était toujours à la mort et il appelait lui-même les deux maisons qu'il avait acquises ses deux tombeaux. Mais il mourait depuis si longtemps qu'il avait eu le temps de s'y habituer et la perspective de quitter le monde à courte échéance ne l'empêcha pas d'acquérir encore deux grands domaines. Ce fut d'abord Ferney, terre seigneuriale sur le territoire de la France; puis tout à côté Tournay, un comté microscopique, mais un comté avec droit de haute et basse justice. Voltaire devenait de la sorte une manière de roi d'Yvetot et savez-vous pourquoi tout ce luxe de propriétés? Ce n'était pas chez Voltaire manie de s'arrondir, c'était une tactique fort habile. Etait-il inquiété du côté de la France pour quelque nouvelle incartade de sa plume hardie? Vite, il courait en Suisse. Mais en Suisse, à Genève surtout, Voltaire avait pu s'apercevoir de bonne heure qu'il y avait un clergé aussi, et ce ne fut jamais sa vertu capitale de vivre en termes irréprochables avec les clergés, qu'ils fussent catholiques ou protestants. Voltaire avait beau dire en plaisantant qu'il n'avait qu'à secouer sa perruque pour poudrer à blanc toute la république. Il pouvait lui venir de ce côté quelques tracasseries : alors il se réfugiait en France et c'était au seigneur de Ferney, comte de Tournay, que l'on avait affaire. Avec ses quatre maisons, planté solidement, comme il le disait, sur ses quatre pattes, Voltaire pouvait braver les orages et l'on put s'apercevoir

LE CHATEAU DE FERNEY

bientôt à la hardiesse croissante de ses écrits qu'il se sentait tout à fait en sûreté.

Voltaire avait plus d'une chose à apprendre dans ce pays nouveau pour lui. On ne saurait méconnaître l'importance du rôle littéraire que la Suisse a joué au XVIIIe siècle. On voit alors commencer dans la Suisse allemande un grand retour à la nature qui renouvelle toute la littérature de l'Allemagne, et on voit en même temps naître, dans la Suisse française, un mouvement parallèle qui transforme profondément la littérature de la France. D'un côté, c'est de Zürich et de Berne que part l'impulsion; de l'autre, c'est des bords du Léman que le branle est donné. Et il ne s'agit pas seulement ici de celui qui aimait à s'intituler le citoyen de Genève, qui dans ses rêves de bonheur se voyait toujours possesseur, dans le pays de Vaud, d'une maison blanche à contrevents verts; de ce grand contemplatif qui se nomme Jean-Jacques Rousseau. S'il est le plus brillant de ceux qui représentent ce retour à la nature, il est loin d'être le seul et il faudrait ajouter des hommes comme le naturaliste Bonnet, admirateur et peintre enthousiaste du monde qui l'entoure, comme de Saussure, vainqueur et révélateur du Mont-Blanc.

Du reste, rien de plus facile à expliquer que la part considérable de la Suisse dans ce réveil de sentiments longtemps étouffés par l'atmosphère des cours et des salons. Si elle guide dans leur marche vers la nature les pays auxquels elle se rattache par la langue, c'est pour la même raison qui en fait aujourd'hui le rendez-vous des artistes et des amateurs de beaux paysages. Ce n'était pas en vain qu'elle charmait les regards par le contraste de ses glaciers et de ses verts pâturages, de ses lacs bleus et de ses montagnes aux flancs noirs de sapins. Ce n'était pas en vain qu'elle avait gardé, plus que tout autre pays d'Europe, la simplicité pittoresque de la vie pastorale et des coutumes rustiques pleines d'une poésie rude, mais fraîche et originale. Etait-il alors un autre pays où une chanson de bergers, un ranz des vaches fût devenu un chant national, où la plus grande fête fût célébrée en l'honneur de l'agriculture et des vignerons? On eût pu chercher bien loin avant de trouver des amusements aussi naïfs et aussi gracieux que ceux qui étaient encore en vigueur il y a un siècle dans la Suisse romande. En ce temps-là, on voyait parfois, les soirs d'été, des rondes populaires se former dans les villes et la farandole improvisée entraînait bientôt dans ses replis onduleux hommes, femmes, enfants, vieillards et jusqu'aux baillis bernois, s'ils se rencontraient sur son passage. Souvent aussi, à l'époque des vendanges, telle chanson s'entonnait près de Vevey, volait de bouche en bouche, de vigne en vigne, et voyageait ainsi jusqu'à Lausanne, en excitant sur sa route éclats de rire et joyeux propos. Certes, il y avait dans ces plaisirs une saveur champêtre, un parfum sain et sauvage qui transportait bien loin des salons et des boudoirs.

Il n'est pas étonnant après cela qu'un enfant de la Suisse, un homme qui dans sa jeunesse avait vécu, pour ainsi dire, dans l'intimité des Alpes, ait été le premier à mieux comprendre, à mieux rendre les magnificences de la nature. C'est Rousseau que je veux dire. Mais il n'est pas étonnant non plus qu'un homme né, s'il en fut, pour la vie du monde, amoureux des plaisirs de la société, fanatique du théâtre, un citadin fieffé dont les yeux jusqu'à soixante ans étaient demeurés fermés aux beautés de la campagne; il n'est pas étonnant, dis-je, que cet homme éclate tout à coup en cris d'admiration et semble découvrir en lui-même un sens nouveau, quand il voit la Suisse dérouler devant lui ses merveilles. C'est Voltaire que je veux dire maintenant. Cherchez dans ses premiers poèmes, dans sa *Henriade*, le moindre brin de verdure. Vous chercherez en vain. Mais à peine a-t-il aperçu la nappe bleue du Léman enchâssée, comme un saphir, dans son cercle de montagnes qu'il s'écrie en extase : « Mon lac est le premier. » Et le voilà qui écrit à ses amis : « Nous autres laboureurs, » qui appelle les paysans ses camarades, qui fait, en paroles du moins, de son château une chaumière et parle gravement de ses bœufs et de ses labours en véritable poète-fermier. Autre métamorphose qui n'est pas moins remarquable. Le courtisan de Louis XV et de Frédéric II est devenu tout à coup presque un républicain. C'est lui, c'est bien lui qui pousse cette exclamation presque séditieuse :

Liberté! Liberté! Ton trône est dans ces lieux.

Ainsi, sous l'influence de la Suisse, s'éveillaient dans l'âme de Voltaire des sentiments qu'il n'avait guère connus jusqu'alors. On pourrait croire aussi que le milieu chrétien, dont il se trouva environné, mit quelques bornes à son impiété. Il n'en fut rien. Le pli sur ce point était pris depuis trop longtemps, et Voltaire, au contact des réformés et de leurs pasteurs, n'apprit qu'à envelopper le protestantisme dans la haine qu'il avait vouée, dès sa jeunesse, à la religion catholique. C'est même du fond de sa retraite qu'il mit le plus d'ardeur à pousser la guerre contre le christianisme. Il ne fut donc pas converti et, pour ce qui concerne la foi et les mœurs, c'est plutôt Voltaire qui réagit sur la Suisse romande; il suffit, pour s'en convaincre, d'étudier ses rapports avec Lausanne d'abord, avec Genève ensuite.

CHAPITRE VIII

SÉJOUR DE VOLTAIRE A GENÈVE ET A LAUSANNE

LA LUTTE AVEC JEAN-JACQUES ROUSSEAU

On n'a qu'à lire quelques pages de la correspondance de Voltaire de 1756 à 1758, pour remarquer qu'il a montré pour Lausanne une véritable prédilection. Tandis que le Genevois Rousseau ne lance guère aux habitants du pays du Vaud que des boutades piquantes, Voltaire n'a pour son petit pays roman, comme il l'appelle, que des mots aimables! A peine çà et là quelques coups de patte, qui effleurent la peau, et encore est-ce pure habitude!

A Lausanne, il trouve du goût français, des familles françaises, toute une France en miniature, moins les cabales et la Bastille! « Figurez-vous Athènes avec Lacédémone », dit-il quelque part. « Nous n'avons de suisse que la cordialité, « s'écrie-t-il encore, c'est l'âge d'or avec les agréments du « siècle de fer. » Ces agréments, c'est la vie du monde; ce sont des soupers où Voltaire reçoit l'élite de la société; c'est un échange de vers coquets, de billets galants avec les belles dames ou les hommes d'esprit de la ville. Pour les visites, on l'a dispensé d'en faire, et il en rend grâces à sa mauvaise santé, qui lui était si utile à l'occasion. Mais s'il est trop souffrant pour se déranger, la maladie disparaît comme par enchantement dès qu'il s'agit, de jouer la comédie. Pour Voltaire, la vie n'est pas tenable sans un peu

« d'histrionnage », comme il dit. Et aussitôt le voilà qui organise un théâtre, « un tripot », suivant son expression. Théâtre modeste d'abord, s'il faut en croire ce plaisant du parterre qui répliquait à Lusignan, quand le vieillard à demi-aveugle demande où il est :

Seigneur, c'est le grenier du maître de ces lieux.

Mais n'importe! c'est un théâtre; et l'on y joue *Zaïre*, l'on y joue, l'on y *prêche* la comédie de l'*Enfant prodigue.* Acteurs et actrices, stylés par Voltaire, font merveilles. « C'est mieux qu'à Paris, » s'écrie Voltaire enthousiasmé; Voltaire, auteur, acteur et chef de troupe, a triple succès et il est fier de tirer des larmes de tous les yeux suisses. Ce qui lui plaît encore davantage, c'est que la philosophie remporte avec lui de petits triomphes. Ce n'est point assez d'avoir implanté l'amour du théâtre dans une cité calviniste : il a vu douze pasteurs assister à une représentation, voire même tous les étudiants en théologie. Il est vrai qu'en revanche il écoute des sermons : mais il en avait bien composé un jadis pour un pauvre abbé qui craignait d'être à court d'éloquence dans je ne sais quelle fête solennelle. A cette victoire sur l'austérité protestante, Voltaire en ajoute bientôt une autre. Un pasteur de Lausanne, Polier de Bottens, qui avait été le premier à l'attirer, devient grâce à lui le fournisseur attitré de l'*Encyclopédie,* et il faut voir la joie du philosophe d'avoir recruté dans le clergé un auxiliaire pour sa campagne contre la religion. Il chante les progrès de la raison, il se représente corrigeant les articles qu'il reçoit pour les rendre chrétiens, sans quoi ils n'auraient pu paraître. A Berne, autre pasteur, qu'il enrôle parmi les collaborateurs du parti philosophique. Rien ne lui est plus doux que de gagner à sa cause ces hommes qu'il appelle théologiens par état et incrédules par bon sens. Ce qui le charme, c'est la tolérance que le gouvernement lui laisse sur ce point. « Monsieur de Voltaire, » lui disait un jour Son Excellence le bailli Bernois de Lausanne. On dit que vous écrivez contre le bon Dieu : cela est mal, mais j'espère qu'il vous pardonnera. On dit que vous avez écrit contre la religion ; cela est fort mal encore. On dit que vous avez écrit contre notre Seigneur; cela est très mal, très mal, mais il vous pardonnera dans sa grande clémence. Monsieur de Voltaire ! gardez-vous d'écrire contre Leurs Excellences nos souverains seigneurs; car elles ne vous le pardonneraient jamais. »

Voltaire n'était pas Jean-Jacques. L'avertissement était assez inutile; il ne cessa de vivre en excellents termes avec MM. les baillis et il s'extasiait toujours sur la simplicité de ces mœurs républicaines qui lui permettaient de dire aux premiers magistrats de l'Etat : « Venez dîner chez moi. » Aussi n'est-ce pas du côté de Berne que lui vinrent les tracasseries. Mais, à Lausanne même, tout le monde ne s'était pas laissé captiver par cet esprit si vif et si séduisant. Il s'était formé deux partis dans la ville : « Les gens d'esprit, » comme on les appelait, c'étaient les amis du poète, acteurs et admirateurs de ses pièces, se laissant dériver doucement vers le déisme et les plaisirs du monde ; les autres composaient « l'Olympe » ; c'étaient les réformés rigides, plus effrayés qu'éblouis, plus disposés à se plaindre qu'à applaudir. Un ouvrage qui parut alors vint fournir une pâture à une malignité encore sourde. Un libraire de Lausanne, nommé Grasset, publia, sous le nom de *Guerre littéraire*, les écrits de Voltaire qui s'étaient attiré les réfutations les plus violentes : celles-ci figuraient dans l'édition nouvelle. En ce faisant, Grasset comptait sans doute exploiter le scandale que susciterait cette réapparition de pièces oubliées ; mais il n'était pas plus coupable que la plupart des libraires de son temps. Ce ne fut pas le compte de Voltaire.

Il y avait dans son passé quantité de querelles, dont il ne tenait pas à rafraîchir le souvenir. C'est pourquoi sa rage fut au comble. Il prodigue au libraire les épithètes les plus malsonnantes; il écrit aux membres de l'Académie, censeurs de tout ce qui paraissait, pour les intéresser en sa faveur; il écrit à Berne, il s'adresse à Haller, poète, romancier, naturaliste, universel comme Voltaire lui-même. Mais Haller, esprit profondément religieux, n'avait pas de sympathie pour l'écrivain français, témoin cette anecdote célèbre. Voltaire faisait un jour un éloge très vif de son grand rival : son auditeur lui répond : « Ces louanges ont d'autant plus de mérite que Haller n'en dit pas autant de vous. — Vraiment, repart Voltaire; après tout il se peut que nous nous trompions tous les deux. » — Aux lettres indignées, éplorées de Voltaire, Haller répondit par des conseils de résignation philosophique; d'autre part, Voltaire obtint beaucoup de compliments et de protestations; on alla même jusqu'à condamner l'ouvrage et à censurer l'éditeur. Mais, en pareille occasion, l'irascible écrivain ne se contentait pas de demi-vengeance. Il voulait qu'on bannît de Lausanne le coupable qu'il avait déjà fait expulser de Genève plusieurs années auparavant. On ne lui accorda pas ce qu'il demandait et dès lors son enthousiasme pour Lausanne se calma. Il écrivait bien encore à l'un de ses amis Lausannois : « Je dois à « cette ville les jours les plus heureux de ma vie. » Mais s'il y passa encore, il ne devait plus y résider.

L'impulsion qu'il avait donnée ne fut pas arrêtée par son départ. Le goût du théâtre et les plaisirs de l'esprit continuèrent à fleurir dans la haute société. Lausanne resta, pendant toute la fin du XVIIIe siècle, un foyer actif de vie littéraire. Gibbon, arrivant de Paris, en était frappé, et plus d'un étranger vint y chercher la gaîté. Cette métamorphose n'était pas du goût de tous les habitants. Il y eut bon nombre de réfractaires pour accuser Voltaire d'avoir perverti Lausanne. Un surtout (le général de Warnery) lui a reproché vivement d'avoir efféminé les mœurs, d'avoir poussé hommes et femmes à faire des romans et des vers, d'avoir introduit le luxe avec la poésie. Des pasteurs écrivirent aussi contre les progrès du déisme et n'épargnèrent pas celui qui s'en était fait l'apôtre. Mais, malgré ces témoignages de mauvaise humeur, il n'en reste pas moins vrai que Lausanne dut, en bonne partie, au séjour de Voltaire l'éclat et le réveil de la vie intellectuelle qui en firent, jusqu'à la fin du siècle, le rendez-vous d'une société élégante, spirituelle et cosmopolite.

Une fois parti de Lausanne, Voltaire, au lieu de se partager, comme le Juif errant, entre ses quatre maisons, finit par se fixer. Sa résidence favorite devint Ferney. C'est alors qu'il s'appela « le Vieux de la montagne, le vieillard du Mont-Jura »; car Voltaire, qui se moquait si volontiers des autres, s'est moqué de lui-même plus que personne. Ses amis le nommèrent plus respectueusement « le patriarche de Ferney » et, dès lors, c'est Genève qui hérita de sa présence ou du moins de son voisinage.

Voltaire avait commencé par faire patte de velours aux Genevois et il ne cessa jamais de recevoir à bras ouverts ceux d'entre eux qui lui rendaient visite. Mais, dès son arrivée, sa réputation d'impiété effrayait les pasteurs, dont l'un réclamait humblement et naïvement son concours pour détourner les jeunes gens de l'irréligion. Voltaire promettait tout ce que l'on voulait. Mais il était une question brûlante qui allait faire éclater bientôt le dissentiment. Le poète était, à vrai dire, possédé de la fureur du théâtre, et il n'était pas plus tôt installé aux Délices qu'il se hâtait d'y faire jouer *Zaïre* devant un auditoire genevois. Le succès fut grand et Voltaire de s'écrier : « Calvin ne se doutait pas que des catholiques feraient pleurer des huguenots dans le territoire de Genève. »

L'auteur de *Zaïre* avait pour lui la haute société, celle qui assistait à ses galas et à ses représentations. Mais, sur ce sujet, le clergé de Genève était moins endurant que celui de Lausanne. Le consistoire tenait à bannir de la ville comédie et tragédie. Déjà plus de dix ans avant que Voltaire n'arrivât, divers particuliers avaient été censurés pour s'être livrés à ces amusements prohibés. *Polyeucte* avait été condamné comme toute autre pièce ; car les pasteurs étaient épouvantés de l'attrait irrésistible qu'exerçait sur la foule cette nouvelle espèce de fruit défendu. Mais la présence de Voltaire vint, en quelque sorte, mettre le feu aux poudres. Le peuple murmurait de voir les gros messieurs courir en foule aux représentations de Voltaire, y figurer même comme acteurs, tandis qu'on réprimait sévèrement toute tentative du même genre chez ceux qui n'avaient pas le mérite d'être riches ou syndics. Le consistoire se plaignit alors au conseil d'Etat et le Magnifique conseil proscrivit du territoire de la république tout exercice de l'art dramatique (1760). Voltaire en fut quitte pour transporter son théâtre à Ferney ou à Tournay, et de là il narguait le vénérable consistoire de ce qu'il appelait « la parvulissime et pédantisme république ». Toutefois il était en colère contre ceux qu'il nommait encore avec une grande richesse d'épithètes les « cagots prédicants, les grenouilles du lac, etc. ». Il croyait surtout remarquer une contradiction entre leurs actes et leurs paroles ; il les accusait d'être en public bien plus puritains qu'en particulier et, dès lors, il sera bien près d'entrer en hostilité ouverte avec eux.

Une occasion de lutte ne vint s'offrir que trop tôt. D'Alembert, un des chefs du parti philosophique, correspondant ordinaire de Voltaire qui lui adressait ses lettres les plus vives contre la religion, vint lui rendre visite aux Délices. C'était un écrivain de talent, un géomètre célèbre, d'ailleurs homme du meilleur monde et caractère très élevé. Il fut bien accueilli à Genève tant à cause de son hôte que pour lui-même, et, à peine de retour à Paris, il écrivait dans l'*Encyclopédie*, dont il était avec Diderot le principal rédacteur, un article sur la ville de Genève. L'article était animé de la bienveillance la moins équivoque : il faillit même à cause de cela être poursuivi au nom de la religion catholique; mais il y eut deux choses qui choquèrent les pasteurs et allumèrent la guerre. La première, c'était que d'Alembert les transformait en déistes, en sociniens, ne gardant plus pour le Christ et les Ecritures qu'un respect traditionnel, prenant pour base de leur doctrine la raison pure. L'autre, c'était le regret vivement exprimé que Genève, en interdisant les spectacles, privât ses citoyens d'une finesse de tact et d'une délicatesse de sentiments qu'il est difficile d'acquérir par un autre moyen. D'Alembert ne soupçonnait pas l'orage qu'il allait provoquer. Ce furent d'abord les pasteurs qui se prétendirent calomniés et protestèrent, en termes fort vagues, de leur orthodoxie. Puis ce fut un bien autre athlète qui releva le vœu que d'Alembert émettait de voir Genève élever un théâtre. C'était J.-J. Rousseau qui entrait en scène. Il combattait d'autant plus volontiers l'auteur de l'article qu'il sentait Voltaire derrière celui-ci, et, en effet, d'Alembert allait bientôt s'effacer pour laisser aux prises les deux plus puissants écrivains du siècle.

Il convient d'insister sur cette nouvelle guerre littéraire. Les deux adversaires en valent la peine, non-seulement par leur génie, mais aussi parce qu'ils représentent deux écoles et deux mondes bien différents.

Leurs premiers rapports remontaient assez haut. En l'année 1745, ils s'étaient trouvés un instant collaborateurs.

Rousseau, qui cherchait alors sa voie, croyait percer plus vite comme musicien que comme homme de lettres. Or Voltaire venait de faire un libretto pour le musicien Rameau. Il était intitulé *Les fêtes de Ramire*. Mais l'auteur et le compositeur étaient empêchés de donner la dernière main à leur œuvre commune. Rousseau fut alors chargé de remanier à la fois la musique et le poème. Il écrivit à Voltaire pour lui demander la permission de retoucher ses vers en lui disant : « Il y a quinze ans, Monsieur, que je travaille à me rendre digne de vos regards. » Voltaire répondit d'un ton aimable; puis ce commerce de politesse fut interrompu pendant cinq ans, jusqu'au jour où le génie de Rousseau fit tout à coup éruption. L'Académie de Dijon venait de donner comme sujet de concours : Le rétablissement des lettres et des arts a-t-il contribué à épurer les mœurs? Rousseau répondit par un non énergique; à ce siècle si fier de sa civilisation, il lançait une sorte d'anathème, il lui criait que sa culture n'était que corruption, il enveloppait la société tout entière dans un mépris passionné. Un peu plus tard il revenait à la charge par son *Discours sur l'origine de l'inégalité parmi les hommes*. Ce second discours ne fut pas couronné, mais il n'en eut pas moins de succès, et l'auteur crut devoir l'envoyer à Voltaire, dont il était alors le sincère admirateur. Voltaire, sans soupçonner la portée du génie qui se révélait ainsi, le remercia par quelques paroles courtoises. Il les assaisonnait, il est vrai, d'un grain d'ironie, sans quoi il n'aurait plus été Voltaire. Il ne pouvait comprendre cet éloge de la vie sauvage dans la bouche de Rousseau et il lui écrivait plaisamment : « Il prend envie de marcher à quatre pattes, quand on lit votre ouvrage. Cependant, comme il y a plus de soixante ans que j'en ai perdu l'habitude, je sens malheureusement qu'il m'est impossible de la reprendre et je laisse cette allure naturelle à ceux qui en sont plus dignes que vous et moi. » Il terminait en invitant Rousseau à venir refaire sa santé dans l'air natal, et Rousseau enchanté rendait grâces au châtelain des Délices de l'honneur et du bien qu'il faisait à Genève.

La cordialité fleurissait ainsi entre les deux écrivains, quand parut le poème de Voltaire sur le *désastre de Lisbonne*. En l'année 1755, un affreux tremblement de terre avait dévasté la capitale du Portugal et englouti quantité de personnes. Voltaire en fut saisi. Devant son esprit se posa cet éternel problème : Pourquoi le mal physique existe-t-il sur la terre? Fallait-il conclure que Dieu est un être impassible pour qui l'humanité n'est rien? Fallait-il accuser la Providence d'être imprévoyante? Voltaire concluait pour sa part qu'il ne savait rien, mais il s'élevait contre ceux qui prétendaient savoir et disaient, d'après Leibnitz, que tout est pour le mieux dans le meilleur des mondes possibles. Ces deux vers peuvent résumer l'esprit du poème :

> Un jour tout sera bien, voilà notre espérance.
> Tout est bien aujourd'hui, voilà l'illusion.

Un pasteur de Genève crut remarquer là une fâcheuse tendance et invita Rousseau à réfuter le poète. C'est ce qu'il fit, du reste avec une convenance parfaite, dans une lettre fort longue qui s'en alla tout droit à Ferney. Il était bien un peu inquiet de l'effet qu'elle produirait : mais Voltaire prit très bien la critique ; il promit une réponse, quand la maladie et ses occupations lui laisseraient des loisirs. Elle ne vint pas sous la forme qu'attendait Rousseau : ce fut le roman de *Candide*. Mais, malgré ce premier dissentiment, rien ne faisait présager une lutte entre ces deux hommes si habiles à manier la plume.

La lettre de Rousseau contre les *Spectacles* vint ajouter

VUE DE L'ÉGLISE SAINT PAUL A LISBONNE
après le tremblement de terre de 1755.

un levain à ce désaccord naissant. Mais elle contenait encore pour l'auteur de tant de tragédies des paroles courtoises, et Voltaire pour toute réponse se contenta de bâtir un théâtre aux portes de Genève. Ce fut là, paraît-il, ce qui exaspéra le citoyen genevois. Il était pris alors d'une belle fièvre d'austérité; il vit en Voltaire le mauvais génie de sa patrie, le corrupteur de ses mœurs patriarcales; et, dans l'ardeur de son zèle, oubliant qu'il était lui-même auteur d'une comédie et d'un opéra, il adressa un jour au patriarche de Ferney l'étrange missive que voici :

« Je ne vous aime point, Monsieur ; vous m'avez fait les maux qui pouvaient m'être les plus sensibles, à moi votre disciple et votre enthousiaste. Vous avez perdu Genève pour le prix de l'asile que vous y avez reçu ; vous avez aliéné de moi mes concitoyens pour le prix des applaudissements que je vous ai prodigués parmi eux ; c'est vous qui me rendez le séjour de mon pays insupportable; c'est vous qui me ferez mourir en terre étrangère, privé de toutes les consolations des mourants, et jeté, pour tout honneur, dans une voirie, tandis que tous les honneurs qu'un homme peut attendre vous accompagneront dans mon pays. Je vous hais enfin, puisque vous l'avez voulu ; mais je vous hais en homme encore plus digne de vous aimer, si vous l'aviez voulu. De tous les sentiments dont mon cœur était pénétré pour vous, il n'y reste que l'admiration qu'on ne peut refuser à votre beau génie et l'amour de vos écrits. Si je ne puis honorer en vous que vos talents, ce n'est pas ma faute. Je ne manquerai jamais au respect qui leur est dû ni aux procédés que ce respect exige. Adieu, Monsieur. »

Une pareille lettre était une déclaration de guerre, et, si Rousseau fut plus tard bafoué à outrance par celui qu'il appelait « le baladin Voltaire », il faut bien reconnaître que ce ne fut pas sans provocation.

Ainsi la cause apparente de la rupture, qui vint à n'en pas douter de Rousseau, ce fut chez lui l'inquiétude d'un patriotisme exalté. Mais n'y eut-il pas d'autres motifs plus cachés? On peut l'affirmer sans crainte, et il suffit d'un coup d'œil pour s'en rendre compte. Comparez Voltaire et Rousseau : d'un côté, le Parisien léger, moqueur, impie, plaisantant sur les choses les plus graves ; de l'autre, le Genevois sérieux, âpre, farouche, religieux, gardant pour la Bible un respect profond, même quand il l'attaque. D'une part, l'homme de cour, poli, élégant, vivant comme un prince, éblouissant les yeux de l'éclat de sa gloire et de sa fortune; de l'autre, l'homme du peuple, se souvenant d'avoir été laquais et d'avoir eu faim, regardant du fond de sa pauvreté des splendeurs qui l'irritent. En voilà plus qu'il n'en faut pour créer de l'antipathie entre deux personnages de caractère et de position si divers. Mais ce n'est pas tout. Si, pour Voltaire, vivre c'est agir, pour Rousseau, vivre c'est sentir. L'esprit si net, si vif, si lucide du premier ne peut comprendre ce que le second apporte de nouveau dans la littérature française, la rêverie, la sentimentalité, le tourment du désir inassouvi, la soif de l'impossible, le désenchantement de l'âme lancée à la poursuite de l'idéal. En vérité, quand on voit entre ces deux hommes une telle différence de race, de tempérament, de position, d'idées morales ou religieuses, voire même de goût littéraire, on n'a plus besoin de chercher pourquoi ils se trouvèrent poussés l'un contre l'autre et l'on ne daigne pas même réfuter ceux qui se contentent de voir entre eux une basse et vulgaire jalousie.

Ce n'est pas à dire toutefois que des motifs moins relevés aient manqué à cette querelle. Il y eut, du côté de Rousseau, une colère persistante contre cet homme qui avait conquis un si grand ascendant sur Genève, contre « ce bienheureux », comme il l'appelait, qui lui volait, pour ainsi dire, l'affection de ses concitoyens. Du côté de Voltaire, il y eut aussi quelque agacement contre ce nouveau venu, dont il comprenait mal le succès, contre cet orateur sans tribune, dont la passion remuait les âmes et la société plus que n'avait jamais fait Voltaire. Toujours est-il qu'il y eut guerre ouverte entre ces deux hommes, qui pouvaient à peine, dans le secret de leur conscience, s'estimer l'un l'autre, mais qui ne pouvaient à aucun prix s'aimer.

Voltaire, chose étrange! soit qu'il sentît là un adversaire redoutable, soit qu'il ne pût se défendre d'une espèce d'admiration pour ce génie rival du sien, fit preuve d'une patience qui n'était pas dans ses habitudes. Il écrivait avec calme, après la lettre discourtoise dont Rousseau l'avait gratifié : « J'ai reçu une grande lettre de Rousseau : il est de-« venu tout à fait fou. C'est dommage. » Mais il ne l'attaquait pas encore publiquement : il se contentait de le malmener dans sa correspondance avec ses amis. La *Nouvelle Héloïse* paraît : Voltaire déclare le roman de Jean-Jacques « sot, bourgeois, impudent, ennuyeux », bien que l'admirable morceau sur le suicide lui arrache cet éloge mérité : « Il donne appétit de mourir. » Il crie bien haut qu'il n'a pas le temps de critiquer les mauvais livres qui paraissent et, en attendant, il écrit contre le roman nouveau quatre lettres que, suivant sa coutume, il fait endosser à un homme de paille. C'était son premier acte d'hostilité déclarée contre Jean-Jacques. Ce ne devait pas être malheureusement le dernier.

Rousseau, pris d'une vraie fièvre de production, avait publié coup sur coup son *Contrat social* et son *Emile*. Dans l'un, il établissait la souveraineté du peuple et poussait les esprits vers la république démocratique. Dans l'autre, il avait inséré sa *Profession de foi d'un vicaire savoyard*, qui est l'expression d'un déisme mitigé, d'une sorte de christianisme naturel, sans miracles et sans révélation. A la différence des autres écrivains du XVIIIe siècle, il avait bravement mis son nom à son œuvre. L'œuvre fut naturellement condamnée à Paris. Le Parlement, qui venait d'expulser les Jésuites, se crut obligé, pour faire contre-poids, de brûler le livre et de forcer l'auteur à s'exiler de France. Il n'y avait rien dans ces mesures qui fût de nature à étonner Rousseau. Mais ce qui le frappa au cœur, ce fut de voir sa patrie, cette Genève, dont il se proclamait fièrement citoyen, condamner à son tour les théories exposées dans l'*Emile*. Sans doute il y eut pression du gouvernement français. Peut-être aussi les pasteurs ne furent-ils pas fâchés de saisir l'occasion de se disculper aux yeux de l'Europe des idées que d'Alembert leur avait prêtées ! Mais, pour Rousseau, il ne vit là qu'un complot tramé par « le Polichinelle Voltaire », et par son médecin, le « jongleur Tronchin ». C'est ainsi qu'il désigne ces deux hommes, dont l'un avait été l'objet de son admiration et l'autre de son amitié la plus vive. Jean-Jacques était, dès lors, atteint d'un travers qui était une véritable maladie d'esprit : il commençait à être en proie à ce que les aliénistes appellent la manie de la persécution ; son imagination devenait pour lui la faculté de voir les choses comme elles n'étaient pas ; sa sensibilité surexcitée se froissait de la moindre piqûre : il était comme un homme dont la peau aurait été arrachée : « Vous avez l'âme écorchée, » lui écrivait plus tard un de ses amis. Il n'est donc pas étonnant que le pauvre grand homme ait alors pris ses rêves pour des réalités. Voltaire, à coup sûr, avait peu de sympathie pour les doctrines politiques du *Contrat social;* mais, en revanche, une profession de déisme était bien faite pour lui plaire, et, s'il traitait Jean-Jacques de bâtard de Diogène, il n'avait aucune envie de le persécuter. Loin de là, un jour qu'on lui racontait la fuite de l'audacieux écrivain et son embarras pour trouver un asile, il s'écria tout à coup : « Qu'il vienne ! « qu'il vienne ! Je le recevrai ici à bras ouverts !... Je le trai- « terai comme mon propre fils ! » Il alla même jusqu'à lui faire porter des propositions en ce sens. Mais c'était peine perdue. La haine était profondément ancrée dans le cœur de Rousseau. Elle ne devait plus en sortir.

Sur ces entrefaites, Rousseau, irrité contre sa patrie, lui disait un solennel adieu en abdiquant son droit de bourgeoisie. Cette renonciation alluma la guerre dans Genève. Les amis de Rousseau adressent des représentations au Conseil : le Magnifique Conseil conteste aux simples citoyens le droit de lui faire des remontrances. De là deux camps : les « représentants », partisans de Rousseau et des principes démocratiques ; « les négatifs, » champions de l'aristocratie et de la vieille constitution. Pour défendre les actes du Conseil, le procureur général Tronchin (un parent du médecin) écrit ses *Lettres de la campagne*. Rousseau réplique par ses *Lettres de la montagne* et la fermentation des esprits devient telle qu'on peut craindre la guerre civile dans les murs de Genève.

Que devient Voltaire, pendant que s'agite tumultueusement la ruche bourdonnante qu'il peut voir du haut de son château ? Il en rit un peu, mais il se réjouit de voir des citoyens protester en faveur de l'homme qui a écrit la *Profession de foi du vicaire savoyard*. Voltaire, alors au fort de sa bataille contre la religion chrétienne, voit en Jean-Jacques un auxiliaire précieux ; il est avant tout homme de combat et voudrait s'aider du talent d'un polémiste aussi vigoureux pour répandre le déisme en Europe et à Genève. Il tente encore avec lui une réconciliation. Mais au moment où il rêve cet accord chimérique, voilà tout à coup qu'il reçoit un coup en pleine poitrine. Dans une de ses *Lettres écri-*

tes de la montagne, Rousseau demande pourquoi l'on brûle l'*Emile,* quand le *Sermon des cinquante* de M. de Voltaire circule librement. Le *Sermon des cinquante* était un des mille ouvrages anti-chrétiens dont Voltaire inondait alors tous les pays où se parlait le français. Mais on sait quelle était la tactique ordinaire de Voltaire. Jamais il n'était l'auteur de pareilles abominations. Un désaveu ne lui coûtait rien. Il protestait avec une indignation parfaitement jouée ; il se désolait d'être ainsi victime de la calomnie; il laissait, il faisait même brûler ses ouvrages avec un sang-froid merveilleux. Or, au moment où il croyait avoir bien pris ses précautions, voilà que Rousseau le dénonçait tout haut et perçait à jour son incognito ! Aux yeux de Voltaire, c'était une trahison, une perfidie. Dès lors, Jean-Jacques devenait un faux frère, un déserteur de la philosophie, un délateur de ses anciens compagnons d'armes, un serpent, un monstre qu'il fallait écraser. Aussi est-ce le moment où tout ménagement cesse entre les deux écrivains, où Voltaire va répondre comme il sait répondre à ce qu'il considère comme une lâche agression.

Il n'était que trop aisé de découvrir dans la conduite de Rousseau la contradiction la plus flagrante avec ses doctrines. Velléités héroïques et chûtes honteuses, résolutions viriles et capitulations de conscience, n'est-ce pas là toute sa vie ? Il prêche la morale et vit avec une femme qui n'est pas digne de lui et qui n'est pas sa femme; il s'indigne contre les femmes qui confient leurs enfants à des nourrices et il abandonne les enfants qui lui naissent; il écrit contre le théâtre et contre les romans et il compose le *Devin du village* et la *Nouvelle Héloïse;* il se proclame l'ennemi des grands et il habite dans leurs châteaux, mange à leur table, est leur familier, leur protégé. C'étaient là des inconséquences qui ne pouvaient échapper à l'œil perçant de Voltaire et qu'il allait jeter à la face de son adversaire. Mais il s'y pr d'une façon étrange. On vit tout à coup paraître un libell contre Rousseau, intitulé le *Sentiment des citoyens*. Parcourez ces quelques feuilles. C'est un Genevois qui défend Genève et ses magistrats contre les imputations d'un de ses enfants dégénérés ; c'est un chrétien qui repousse avec une sainte indignation les blasphèmes du *Vicaire savoyard*. Rousseau y est dépeint comme un homme qui veut renverser la constitution et le christianisme. En lisant ce pamphlet, il n'hésita pas à en désigner l'auteur. C'était à coup sûr l'œuvre d'un pasteur, d'un de ses anciens amis nommé Vernes ; il reconnaissait le style, il ne pouvait en douter et il s'empressait d'attacher à l'ouvrage le nom du coupable présumé. Le pasteur proteste, démontre son innocence, et, pendant ce temps, il est quelqu'un qui jouit en silence de l'effet de son stratagème. C'est l'auteur véritable : est-il besoin de nommer Voltaire? Rousseau ne le devina jamais sous le déguisement qu'il avait pris, et qui fût allé le reconnaître en effet, transformé en défenseur de la Bible et de la Constitution genevoise ?

Il est pénible de voir un grand homme descendre à de pareils subterfuges pour accabler un ennemi, et, si Rousseau eut le tort d'être l'agresseur, il en fut bien puni par l'implacable ressentiment dont il fut dès lors poursuivi. Rousseau, il est vrai, tomba, suivant sa coutume, dans des exagérations qui devenaient presque risibles. Il appelle Voltaire « tigre altéré de sang ». Il le nomme « inquisiteur », ce qui est à peu près la même chose en d'autres termes. Quand il est chassé du canton de Berne, il voit là une nouvelle machination de son adversaire; il l'accuse d'avoir fait mouvoir leurs Excellences comme de vulgaires « pantins ». C'étaient là les rêveries d'une imagination malade, et Voltaire n'avait besoin du secours de personne, quand il voulait savourer la vengeance, ce plaisir des dieux, des femmes et des poètes.

Revenons à Genève, d'où nous nous sommes éloignés pour suivre Rousseau. Voltaire commençait à y compter bon nombre d'ennemis. C'étaient surtout des hommes religieux qu'exaspéraient ses railleries contre la foi chrétienne. C'était le pasteur Vernet, que Voltaire baptisait Tartufe. C'était Bonnet, le savant naturaliste, qui ne laissait pas échapper une occasion d'exprimer son aversion pour celui qu'il appelait « le poète soi-disant philosophe ». Il trouvait du reste, pour l'objet de son antipathie, une riche variété de titres. Tantôt c'était le « vieux brochurier », tantôt le « grand empoisonneur ». Il va même jusqu'à le considérer comme l'Antechrist, prédit par l'Apocalypse, et il écrit : « La Providence a permis les tremblements de terre, les « inondations, les hérésies et Arouet. » Ce que tous ces dignes et savants personnages reprochent surtout à Voltaire, c'est de ne pas être assez sérieux. Ils lui pardonneraient peut-être ses attaques contre la Bible, si elles étaient faites avec respect : mais ils ne peuvent lui passer la légèreté du ton, le persiflage, l'ironie et ils se dépitent de ne pouvoir, à coups de gros arguments, à grand renfort d'érudition, repousser ces traits si acérés qui pénètrent jusqu'au fond de l'âme. De là, des colères et des écrits injurieux que Voltaire rend avec usure.

Malgré cette antipathie prononcée des gens austères, Voltaire conservait encore à Genève une grande influence. Il vint même un moment où il eut la prétention d'en user pour apaiser les esprits qui étaient singulièrement émus. La querelle entre « négatifs » et « représentants », entre le Conseil et la bourgeoisie durait toujours et s'envenimait de plus en plus. Voltaire était naturellement porté vers les « représentants » ; en effet, ceux-ci protestaient contre la sentence qui avait frappé l'*Emile* de Rousseau ; ils semblaient donc les champions de la libre pensée; ils ruinaient, autant qu'ils pouvaient, l'autorité du consistoire et des pasteurs. C'en était assez pour que Voltaire inclinât vers eux. Il rit beaucoup, quand un citoyen genevois, blâmé par le consistoire pour avoir séduit une jeune fille et sommé de se mettre à genoux pour s'entendre censurer, refusa de se soumettre à cette humiliante coutume. Il voyait là un échec du clergé, c'est-à-dire un progrès de la raison ; et il fut sur le point de se réconcilier avec Rousseau, pour faire pièce à ce consistoire intolérant qui l'avait condamné. Il lui offrit encore sa maison : mais Rousseau avait reçu des blessures trop cuisantes pour venir habiter chez un hôte aussi dangereux.

Pendant que « négatifs » et « représentants » se disputaient le pouvoir, une nouvelle cause de conflits avait surgi dans Genève. Il y avait toute une partie de la population que le bruit de la lutte avait éveillée à la vie politique. C'était ce qu'on appelait les « natifs ». Ceux-ci étaient d'origine française; ils descendaient des réfugiés que l'Edit de Nantes avait jetés sur le sol de la Suisse; mais, quoique nés à Genève, ils n'étaient pas citoyens; ils étaient exclus, non-seulement des magistratures, mais même de toute participation aux affaires publiques. Ils payaient les impôts, comme les bourgeois, mais ils étaient en réalité considérés comme étrangers dans leur ville natale. Voyant la lutte engagée entre les bourgeois et le Conseil, ils crurent l'occasion bonne pour revendiquer les droits dont ils étaient privés; et, comme Voltaire essayait alors du rôle de conciliateur, comme il était même appelé familièrement le « juge de paix », les natifs se tournèrent aussi vers lui. Le débat entre les représentants et les négatifs était déjà soumis à une double médiation, à celle de l'ambassadeur de France et à celle d'arbitres suisses. Voltaire, au nom des natifs, rédigea une requête aux médiateurs; il se compromit même en s'entremettant avec trop de vivacité. Mais il eut bientôt à s'en repentir. De la cour de France, comme du parti qu'il croyait servir, vinrent des difficultés, et il ne songea plus qu'à profiter, autant qu'il le pourrait, des troubles de la « pétaudière », comme il nommait Genève.

Les représentants avaient par leur persistance remporté la victoire. Le Magnifique Conseil était vaincu. Mais à peine les bourgeois furent-ils maîtres du gouvernement qu'ils abusèrent de leur force. Ils se refusèrent à toute concession envers les natifs. Ils les emprisonnèrent, les bannirent, en tuèrent même quelques-uns en pleine rue. Puis, emportés par le fanatisme d'austérité que Jean-Jacques leur avait inspiré, ils brûlèrent ou du moins laissèrent brûler un théâtre, qui s'était construit dans la ville. Voltaire feint alors d'être désintéressé dans le débat. Il verse impartialement ses sarcasmes sur tous les partis et il écrit :

« Les natifs disent que je prends le parti des bourgeois, les bourgeois craignent que je ne prenne le parti des natifs. Les natifs et les bourgeois prétendent que j'ai trop de déférence pour le Conseil. Le Conseil dit que j'ai eu trop d'amitié pour les natifs et les bourgeois. Les bourgeois, les natifs et le Conseil ne savent ni ce qu'ils veulent, ni ce qu'ils font, ni ce qu'ils disent. »

Il semble ne voir dans ces interminables querelles qu'une matière à railleries et il fabrique un poème héroï-comique qu'il intitule *la Guerre de Genève*. Il n'y peint pas sa turbulente voisine sous les couleurs les plus flatteuses. S'il faut l'en croire,

> On y calcule, et jamais on n'y rit.
> L'art de Barême est le seul qui fleurit.

Et, si vous en doutez, voici l'aventure qui arrive à l'héroïne du poème. Une tempête l'a jetée inanimée sur la rive du lac. On a essayé de tout pour la rendre à la vie. Tous les moyens, le vin même, ont échoué! Passe un riche Anglais. « Est-elle Genevoise? » demande-t-il en voyant la noyée. « Oui, » répond-on. Milord n'ajoute rien, il met une bourse pleine d'écus dans la main de la pauvre victime, et la voilà qui ressuscite comme par enchantement. Ce n'est pas seulement Genève qui était, dans ce poème, bafouée par Voltaire : tous ses ennemis y recevaient leur paquet, comme dit Molière, et Rousseau surtout y était vilipendé avec une verve implacable. A ce moment, les jours où Voltaire cherchait à plaire aux Genevois sont envolés pour jamais, et il écrit irrévérencieusement : « Ma destinée était de finir entre un semoir, des « vaches et des Genevois. » Il songe même à leur jouer un plus mauvais tour. Genève, il faut le dire, était alors en querelle avec la France. Elle avait repoussé le projet de médiation élaboré par l'ambassadeur et le ministre, M. de Choiseul, pour la punir de ce qu'il regardait comme une insolence, essayait de bloquer et d'affamer la ville. Il voulait surtout lui créer une rivale au bout du lac. Il espérait détourner sur Versoix, qui appartenait à la France, tout le commerce qui se concentrait à Genève, et là il créait un port, il traçait des rues, il appelait des habitants. Mais M. de Choiseul n'était pas Amphion ; les murs ne s'élevaient pas à sa voix; sa ville eut plus de rues que de maisons, et elle attendit vainement aussi bien les hommes que les capitaux. D'ailleurs M. de Choiseul fut bientôt disgracié et Voltaire, qui l'avait encouragé de toutes ses forces, vit ses projets tomber avec le ministre. Il sut du moins faire de Ferney ce que Versoix ne pouvait pas être. Quand les natifs furent obligés de quitter Genève, pour éviter les persécutions des bourgeois victorieux, il leur offrit un asile, il les attira sur ses terres, et peut-être vit-il avec plaisir les excès des Genevois peupler

THÉATRE DE VOLTAIRE A CHATELAINE

ainsi son petit royaume. Voltaire, en effet, n'était pas seulement homme de lettres ; il s'était pris d'un grand amour pour son Ferney; il s'était résolu à y créer ce qu'il appelait une colonie; il s'était fait agriculteur, commerçant, industriel; il élevait des vers à soie et manufacturait des étoffes; il fit bientôt fabriquer sous ses yeux des montres, qu'il expédiait dans tous les coins de l'Europe. Mais avant tout il lui fallait des ouvriers et il rendit grâces, peut-être même aida-t-il, aux révolutions genevoises qui lui en fournirent.

Il est aisé de comprendre que Genève, après ces preuves de mauvaise volonté, n'avait plus pour Voltaire l'engouement qu'elle avait montré d'abord. Cependant les services qu'il rendait aux réformés de France, l'ascendant de son génie, les séductions de cet enchanteur si aimable, quand il voulait l'être, le train princier de sa maison et les dépenses dont il faisait profiter le commerce de la ville, tout cela empêcha les rapports de la république et du philosophe de tourner trop à l'aigre. Il avait, après tout, de brillantes qualités qui compensaient ses défauts, et Rousseau lui-même le reconnaissait, quand il voulut apporter son obole à la souscription des gens de lettres français pour élever une statue à leur patriarche. Il disait aussi plus tard : « Voltaire est, sans doute, un homme dont je n'ai certes pas à me louer. Mais il a dit et fait tant de bonnes choses que nous devons tirer le rideau sur ses travers. »

Genève pensa sans doute ainsi; car elle accourut encore aux fêtes que Voltaire donnait. Il jouait toujours son rôle de tentateur. A la place du théâtre brûlé, s'en élevait un autre, au petit village de Châtelaine, sur territoire français, mais juste à la frontière. On y représentait les pièces de Voltaire. Quelques Genevois essayèrent d'abord d'y faire du bruit, puis ils cédèrent à l'attrait de l'art dramatique ; la foule se pressa dans l'étroite salle et surtout, quand un grand acteur de Paris, Lekain, découvert et protégé par Voltaire, fut venu déployer son talent sur cette petite scène, le consistoire fut définitivement vaincu. Voltaire pouvait se vanter d'avoir fait mordre les Genevois au fruit défendu; on avait vu des pasteurs se glisser dans ce lieu de perdition, et, pour savoir qui l'a emporté sur ce point, de Voltaire ou de Rousseau, il n'y a qu'à regarder ce qui s'est passé de nos jours à Genève. En 1878, la ville a célébré dignement le centenaire de son illustre citoyen ; mais, l'année suivante, elle a inauguré avec solennité un magnifique théâtre.

De son vivant, Voltaire triomphe déjà de son malheureux rival. Ces deux hommes eurent jusqu'à la fin une destinée contraire ; car, tandis que l'un mourut dans tout l'enivrement de la gloire, l'autre finit misérable, en abrégeant peut-être ses souffrances. Marie-Joseph Chénier a pu s'écrier un peu plus tard qu'ils ont dû entendre au fond de la tombe :

La voix du genre humain qui les réconcilie.

Mais, quoi qu'il en soit de cette réconciliation posthume, ils offrirent jusqu'à leur mort le spectacle d'une lamentable discorde, sans qu'on puisse donner raison ni à l'un ni à l'autre. Rousseau eut le tort de provoquer un joûteur aussi terrible; Voltaire eut celui de poursuivre à outrance son imprudent agresseur. Mais il est temps de détourner les yeux de ces querelles stériles et d'étudier une des autres faces de cet être multiple et changeant qui se nomme Voltaire.

CHAPITRE IX

LUTTE DE VOLTAIRE CONTRE L'ÉGLISE CATHOLIQUE

Il ne faudrait pas s'imaginer que Voltaire, « le Suisse Voltaire », comme il aimait à s'intituler, ait été absorbé par les affaires de Genève. Ce n'était pour lui qu'un passe-temps. Il avait toujours les yeux fixés sur Paris ; il rêvait toujours d'y revenir, et, en attendant, il y était toujours invisible et présent. Il y remplissait tout de ses œuvres et de son influence ; il y combattait sans relâche pour ses idées et pour ses amis ; il y prenait la part la plus active à la campagne du parti philosophique contre la vieille société et surtout contre l'Eglise.

L'Encyclopédie, cette entreprise colossale, qui réunissait toutes les forces des novateurs, avait recueilli de nombreuses sympathies qui se traduisaient par de nombreuses souscriptions. Elle était sûre du succès, à condition qu'elle pût paraître. Mais c'est là précisément qu'était la difficulté. Diderot et d'Alembert, qui animaient de leur souffle cette lourde masse, se heurtaient à chaque instant à de fâcheux obstacles. C'était une censure pointilleuse qui ne laissait passer aucune hardiesse, qui forçait de tout émousser, de tout énerver, quelquefois même de tout défigurer. Comme l'écrivait Voltaire, il est « bien cruel d'imprimer le contraire de ce qu'on pense », et pourtant les auteurs d'articles en étaient souvent réduits à cette déplorable nécessité. Ils ne s'y résignaient qu'à leur corps défendant, et ils cherchaient mille stratagèmes pour dérober ce qu'ils écrivaient aux impitoyables ciseaux de la censure. C'étaient alors des tours de force, des prodiges d'adresse pour laisser entendre une chose sans la dire, pour amener le lecteur à une conclusion voulue sans conclure soi-même. Il fallait pousser à fond l'art des réticences, des demi-mots, des sous-entendus. Si quelqu'un était passé maître dans cette tactique délicate, c'était à coup sûr Voltaire, vrai disciple de Bayle à cet égard. Aussi fut-il un des ouvriers les plus actifs et les plus habiles de cette grande tour de Babel. Il le faisait d'ailleurs avec une modestie parfaite. « Simple garçon encyclopédiste, » disait-il, il soumettait ses articles aux deux directeurs et les priait de tailler, de rogner, d'arranger à leur fantaisie.

On n'avait garde de dédaigner un pareil collaborateur et d'Alembert est en correspondance perpétuelle avec lui. Dans les lettres que Voltaire lui écrit, reparaît presque chaque fois, comme un mot d'ordre, cette phrase célèbre : « Ecrasons l'infâme. » Ce refrain, c'est le « delenda Carthago » de Voltaire. Il a pris l'habitude de le répéter en abrégé à la fin de ses lettres : « Ecr. linf. » Les initiés savaient ce que cela voulait dire. Mais les employés de la poste, qui alors avaient coutume de violer le secret des lettres par ordre supérieur, prenaient ces hiéroglyphes pour un nom propre et disaient naïvement : « Ce monsieur Ecr. linf. n'écrit pas mal. » Pour la postérité, ces mots ne sont pas une énigme. Cette formule paraît être née dans les soupers de Potsdam. On la rencontre pour la première fois dans une lettre de Frédéric II au marquis d'Argens. Quoi qu'il en soit, l'infâme, dans la pensée de Voltaire, c'est la superstition d'abord, puis la religion catholique, enfin la religion chrétienne tout entière. La combattre par tous les moyens possibles, c'est ce qu'il appelle travailler « à la vigne de vérité ». Voltaire sans doute n'est pas athée ; il ne veut pas dépasser le déisme. Sans doute aussi, il ne s'adresse pas au peuple proprement dit ; il veut éclairer seulement la classe bourgeoise ; quant aux manœuvres et aux paysans, il prétend leur laisser la messe comme le seul plaisir qui puisse rivaliser avec le cabaret ; il entend que la croyance en un Dieu rémunérateur et vengeur leur reste comme un frein nécessaire. Mais, ces réserves faites, Voltaire emploie toutes les ressources de son génie à ébranler la foi dans les livres « réputés saints » et le respect pour l'autorité de l'Eglise.

De pareils efforts ne pouvaient manquer de susciter une opposition redoutable. En l'année 1759, on brûlait solennellement le poème de Voltaire sur *la Loi naturelle*. Puis ce fut à l'*Encyclopédie* même que le Parlement et le clergé s'attaquèrent. Un évêque se jeta aux genoux du roi en le suppliant de sauver la religion menacée. Un procureur-général lançait contre l'œuvre commune des philosophes un terrible réquisitoire où on les accusait d' « inspirer l'indé« pendance et de nourrir la corruption des mœurs ». L'*Encyclopédie* fut suspendue ; les volumes déjà publiés furent soumis à des censeurs, dont l'un se vantait de pouvoir découvrir des hérésies dans le *Pater noster*, s'il voulait bien chercher. Les libraires, le public, les philosophes surtout, redoutaient que l'ouvrage ne fût tout simplement supprimé. Ce ne fut pas le seul symptôme menaçant. Un homme de lettres peu estimé comme écrivain et encore moins comme homme, Palissot, s'inspirait d'Aristophane et jetait tout vivants sur la scène les principaux champions du parti philosophique. Voltaire, qu'il n'était pas prudent d'attaquer, y était épargné. Mais, dans la pièce intitulée : *Les philosophes*, figurait Diderot sous le nom de Dortidius ; il y prêchait le vol entre autres belles choses et son valet, appliquant les principes de son maître, s'écriait en le volant : « Je deviens

D. DIDEROT
NÉ A LANGRES
LE V OCTOBRE MDCCXIII
MORT A PARIS
LE XXX JUILLET MDCCLXXXIV

philosophe. » Rousseau y paraissait sous le nom de Crispin et faisait son entrée à quatre pattes. La comédie, du reste peu comique, se terminait par ces deux vers :

Enfin tout philosophe est banni de céans
Et nous ne vivrons plus qu'avec d'honnêtes gens.

Ce déchaînement, que favorisait la cour, se produisait sous toutes les formes. *Le Journal de Trévoux*, organe des Jésuites, venait au secours du poète satirique et, plus téméraire que lui, prenait à partie Voltaire. Enfin, c'était en pleine Académie que retentissait tout à coup une philippique contre les philosophes déjà fort inquiets. L'auteur de ce discours, qui allait faire grand bruit, était Lefranc de Pompignan. C'était un poète lyrique que la ville de Montauban était fière de compter au nombre de ses enfants. Ce fils de la Gascogne ne démentait pas la réputation légendaire de son pays natal; homme de qualité, il s'excusait de s'être abaissé jusqu'à se faire homme de lettres; auteur d'une tragédie intitulée *Didon*, il avait été enivré du demi-succès qu'elle avait eu et il avait écrit la lettre la plus impertinente aux comédiens qui hésitaient à recevoir une seconde pièce du même auteur. Tout bouffi d'orgueil, il songeait à devenir précepteur des enfants de France, et le malheur était qu'il étalait ses prétentions et sa vanité avec une arrogance bouffonne! Un autre malheur pour Pompignan, c'est que, pour arriver au but visé par son ambition, il fit un brusque changement de front. Il avait commencé par prendre rang parmi les novateurs; il avait traduit la *prière universelle* de Pope, qui est une profession de déisme. Mais tout à coup il se ravisa. Le poète libre-penseur devint poète sacré. Il rivalisa de piété avec son frère qui était évêque, et, le jour où il fut admis à l'Académie, il crut l'occasion bonne pour tonner contre l'incrédulité. Il attaquait ses amis de la veille avec le zèle qu'ont les transfuges en cas pareil ; c'était un véritable sermon qu'il prononçait comme discours de réception, et celui qui le recevait put comparer le nouvel académicien à Moïse et son frère à Aaron. Le discours plut beaucoup en haut lieu. Louis XV, qui trouvait moyen de concilier la débauche et la dévotion, daigna le lire, ce qui était déjà beaucoup, puis déclara qu'il trouvait l'ouvrage excellent. Pompignan se voyait au faîte des honneurs. Mais il comptait sans ceux qu'il avait maltraités. L'Académie était pleine de ces philosophes auxquels le nouvel élu venait de faire la leçon, et peut-être n'était-il pas très habile ni très poli de leur lancer, en guise de compliment de bienvenue, une espèce d'anathème. Puis Pompignan, dans son ardeur de néophyte, avait cru devoir faire aussi au patriarche de Ferney quelques allusions aussi peu aimables que transparentes. Voltaire, à ce moment, se trouva par hasard passer pour mort. Ennuyé par un vieux baron, qui lui écrivait chaque jour une lettre pour le convertir, il avait fini par lui faire répondre qu'il n'était plus de ce monde. La nouvelle vint un instant alarmer ses amis de Paris : mais il prouva bientôt non seulement qu'il n'avait pas rendu l'âme, mais qu'il avait conservé toute la vigueur de sa jeunesse. C'est lui qui se fit le vengeur du parti philosophique outragé et provoqué, et le pauvre Pompignan apprit trop tard à ses dépens combien le silence peut être parfois une vertu précieuse. Au moment, où Lefranc de Pompignan s'applaudissait de son éloquence, il parut dans Paris une petite brochure qui le fit bondir comme une multitude de coups de fouet. Elle portait ce titre bizarre et destiné à allécher la curiosité publique : *les Quand, notes utiles sur un discours prononcé devant l'Académie française.* Pour comprendre le titre, il suffit d'ouvrir l'opuscule ; voici ce qu'on y lit :

« Quand on a l'honneur d'être reçu dans une compagnie

respectable d'hommes de lettres, il ne faut pas que la harangue de réception soit une satire contre les gens de lettres; c'est insulter la compagnie et le public...

« Quand on ne fait pas honneur à son siècle par ses ouvrages, c'est une étrange témérité de décrier son siècle.

« Quand on est à peine homme de lettres et nullement philosophe, il ne sied pas de dire que notre nation n'a qu'une fausse littérature et une vaine philosophie.

« Quand on prononce devant une Académie un de ces discours dont on parle un jour ou deux et que même quelquefois on porte au pied du trône, c'est être coupable envers ses concitoyens d'oser dire dans ce discours que la philosophie de nos jours sape les fondements du trône et de l'autel. C'est jouer le rôle de délateur...

« Quand on est admis dans un corps respectable, il faut, dans sa harangue, cacher sous les voiles de la modestie l'insolent orgueil qui est le partage des têtes chaudes et des esprits médiocres. »

A la verve endiablée de la satire, il n'y avait pas à se méprendre sur l'auteur. Mais Voltaire n'était pas homme à s'arrêter en si beau chemin. Le premier pamphlet avait fait rire : il en fit courir coup sur coup sept ou huit taillés sur le même patron. C'étaient les *oui*, les *non*, les *pour*, les *qui*, les *quoi*. Pompignan était étourdi, ahuri de cette avalanche de railleries. Pour comble de misère, tout le monde voulait ajouter son trait. L'abbé Morellet, ami de l'Encyclopédie, quoique abbé, jetait à la face du poète de Montauban les *Si* et les *Pourquoi* et recevait de Voltaire le surnom d'abbé « Mords-les ». Puis Voltaire revenait à la charge. C'étaient les *Car*, les *Ah! Ah!* qui éclataient sur la tête du pauvre hère. Pompignan, exaspéré, hors de lui, ne savait plus ce qu'il disait, ce qu'il faisait. Il menaçait de faire expulser Voltaire de l'Académie, ce qui faisait dire que, Voltaire manquant, il ne resterait plus des quarante que le zéro. Puis il pliait, il s'humiliait ; il déclarait qu'il ne voulait que la paix, qu'il ne songeait à attaquer personne. La déclaration était un peu tardive et l'auteur des *Poèmes sacrés* n'était pas au bout de ses peines. Il est présenté au roi. Vite paraît la relation burlesque de son voyage à la cour. Les vers sont bons à Voltaire comme la prose et, sans laisser à sa victime le temps de respirer, il lui décoche sa satire sur la vanité :

Qu'as-tu, petit bourgeois d'une petite ville ;
Quel accident étrange, en allumant ta bile,
A sur ton large front répandu la rougeur ?
D'où vient que tes gros yeux pétillent de fureur ?
Réponds donc. — L'univers doit venger mes injures.
L'univers me contemple, et les races futures
Contre mes ennemis déposeront pour moi.
— L'univers, mon ami, ne pense pas à toi,
L'avenir encor moins ; conduis bien ton ménage,
Divertis-toi, bois, dors, sois tranquille, sois sage.
. . . .
Piron seul eut raison quand, dans un goût nouveau,
Il fit ce vers heureux digne de son tombeau :
« Ci-gît qui ne fut rien. » Quoique l'orgueil en dise,
Humains, faibles humains, voilà notre devise.
Combien de rois, grands dieux, jadis si révérés,
Dans l'éternel oubli sont en foule enterrés !
La terre a vu passer leur empire et leur trône.
On ne sait en quel lieu florissait Babylone.
Le tombeau d'Alexandre, aujourd'hui renversé,
Avec sa ville entière a péri dispersé ;
César n'a point d'asile où son ombre repose ;
Et l'ami Pompignan pense être quelque chose !

Les railleries n'étaient pas là plus mordantes qu'auparavant : mais elles étaient, pour ainsi dire, coulées en bronze ; grâce au moule même du vers, elles s'enfonçaient plus profondément dans les mémoires, et cela est si vrai que le dauphin, quoique dévot et partisan de Pompignan, ne pouvait s'empêcher de répéter ce vers écrasant :

Et l'ami Pompignan pense être quelque chose !

Est-ce là tout ? Le croire, ce ne serait pas connaître Voltaire. Il ne quitte sa proie qu'après l'avoir mise en lambeaux. Pompignan, abattu sous le ridicule, quitte Paris et retourne dans sa province. Aussitôt Voltaire décrit la réception qui a dû lui être faite à Montauban. Il suppose que les parents du poète, inquiets de ses extravagances, lui délèguent un avocat pour s'assurer de son état mental :

« L'avocat lui conseilla de manger de bons potages, de se baigner et de se coucher de bonne heure... Le malade écuma à ce propos, et, grinçant les dents, il dit :

Le cruel Amalec tombe [1]
Sous le fer de Josué ;
L'orgueilleux Jabin succombe
Sous le fer d'Abinoé ;
Issacar a pris les armes ;
Zabulon court aux alarmes.

L'avocat versa des larmes en voyant l'état lamentable du patient ; il retourna à Montauban faire son rapport juridique, et la famille étant certaine que le malade était « mentis non compos [2] » fit interdire le sieur Le Franc de Pompignan jusqu'à ce qu'un bon régime pût rétablir la santé d'icelui ».

1. Vers tirés des *Poésies sacrées* de Pompignan.
2. Fou.

Voltaire lâche-t-il après cela sa victime? Pas encore. Il lui assène le coup de grâce. C'est dans ce chef-d'œuvre de verve enragée qui s'appelle le *Pauvre Diable*. Là, Voltaire règle, pour ainsi dire, ses comptes avec tous ses ennemis. Il met en scène un malheureux qui court le monde en quête d'une position sociale. Après avoir erré de bas-fonds en bas-fonds, toujours pauvre et toujours méprisé, il arrive chez Pompignan, natif comme lui de Montauban. Il implore le secours du grand homme de la Gascogne :

De ce bourbier vos pas seront tirés,
Dit Pompignan; votre dur cas me touche.
Tenez! prenez mes cantiques sacrés;
Sacrés ils sont, car personne n'y touche.
Avec le temps, un jour vous les vendrez.

Après des vers si bien frappés qu'ils sont devenus proverbes, le pauvre diable, ce n'est plus le héros du poème, c'est Pompignan. Jamais il ne se releva. Jamais peut-être on n'a vu aplatissement plus complet, et pourtant c'est ce martyr de l'ironie qui a composé, sinon l'ode, du moins la strophe la plus lyrique du siècle. On a retenu les vers harmonieux où il compare les ennemis de Jean-Baptiste Rousseau aux insulteurs du soleil. C'était faire à Rousseau plus d'honneur qu'il n'en méritait; mais la poésie admet l'exagération :

Le Nil a vu sur ses rivages
Les noirs habitants des déserts
Insulter par leurs cris sauvages
L'astre éclatant de l'univers.
Cris impuissants! Fureurs bizarres!
Tandis que ces monstres barbares
Poussaient d'insolentes clameurs,
Le dieu, poursuivant sa carrière,

Versait des torrents de lumière
Sur ses obscurs blasphémateurs.

Ces vers sont d'un poète. Par malheur, un excès de zèle et de fatuité poussa l'auteur applaudi de quelques vers heureux vers un rôle pour lequel il n'était pas fait, et, malgré un talent réel, il périt vaincu dans la lutte inégale qu'il avait provoquée. La suspension dont l'Encyclopédie avait été frappée fut levée. Elle put arriver jusqu'à son dernier volume.

A peu près vers le même temps, Voltaire procédait à une exécution du même genre. Un Révérend Père jésuite, nommé Berthier, avait eu la témérité de l'attaquer dans le *Journal de Trévoux*. Aussitôt paraît une petite brochure intitulée : *Relation de la maladie, de la confession, de la mort et de l'apparition du jésuite Berthier*. C'est un récit qui débute d'une façon dramatique. Deux jésuites se rendent en voiture de Paris à Versailles. Sur la route, ils se sentent saisis de bâillements convulsifs et d'un froid glacial ; en arrivant à Versailles, ils tombent inanimés. Des médecins accourent et sont naturellement en désaccord sur la cause du mal. Les deux patients avaient, suivant l'un, la vésicule du fiel trop pleine; suivant un autre, la cervelle trop vide. Les symptômes annoncent toutefois un empoisonnement par un narcotique. On fouille la voiture, et, plus de doute possible : on y découvre deux douzaines d'exemplaires du *Journal de Trévoux*. C'est de là que sont montées les vapeurs vénéneuses. On essaie de faire avaler aux deux malades, en guise de purgatif, une page de l'Encyclopédie. Mais le remède arrive trop tard. Il ne leur reste plus qu'à recourir aux secours de l'Eglise et à se confesser. On avise deux prêtres. L'un se récuse. Sauver l'âme d'un jésuite, cela lui semble une affaire trop scabreuse. L'autre, plus hardi, veut bien tenter l'entreprise. « Aimez-vous Dieu et votre prochain ? » demande-t-il à son pénitent. — « Je distingue, » répond-il. — « Avez-vous lu de mauvais livres ? — Je distingue, » réplique-t-il encore. Il avoue pourtant qu'il rédige le *Journal de Trévoux*. Le confesseur s'écrie que c'est un péché bien grave et que, le journal ayant cinquante lecteurs environ, cinquante âmes se trouvent régulièrement induites en tentation de dire des injures à ceux qui le publient. Il exige de son pénitent qu'il renonce à toute part dans une œuvre inspirée par le démon. — « Je distingue, » répète le malade ; mais le confesseur, irrité, déclare qu'il abandonne au diable cette âme incorrigible ; il refuse d'accorder l'absolution. A ce moment intervient l'un des deux jésuites, qui a repris ses sens et combattu victorieusement l'effet du poison. Il pousse un cri de colère et de terreur. Qui vient-il de reconnaître dans le confesseur ? Un janséniste, c'est-à-dire un implacable adversaire de la compagnie de Jésus. — « Rendez-moi ma confession, » s'écrie le moribond ; et c'est alors, entre le confesseur et le confessé, une scène d'injures et presque de pugilat. Le jésuite y épuise ce qui lui reste de forces et il expire dans un accès de fureur.

Ainsi périt frère Berthier. Quelques jours après, il apparaît à un autre jésuite, frère Garasse. Il est reconnu aussitôt aux bâillements prolongés qui s'emparent de celui auquel il se montre. Il vient lui apporter des nouvelles de l'autre monde et il invoque le secours de ses prières : car il a été condamné à faire 33,333 ans, 3 mois, 3 jours et 3 heures de purgatoire, et sa peine ne peut être abrégée que s'il vient, par hasard, à exister un jésuite humble, pacifique, capable de faire le bien sans intérêt, de vivre sans intrigues et d'écrire des livres sans faire bâiller.

Est-il besoin de le dire ? Frère Berthier, dont Voltaire prononçait si gaillardement l'oraison funèbre, n'avait point passé de vie à trépas. Mais, si vivant qu'il pût être, il était par là tué dans l'opinion publique; il subissait, bon gré mal gré, l'arrêt qui le déclarait mort.

Dans ces luttes impitoyables, où Voltaire dépense à pleines mains la verve et l'esprit, il ne rencontre guère d'adversaires sérieux. Ceux qu'il a le plus souvent à combattre ont le malheur d'être jésuites et de s'appeler Nonotte et Patouillet. Il a peu de chose à faire pour achever de ridiculiser des hommes que leur nom et leur style prédestinent au ridicule. Un seul apologiste de la religion catholique peut alors, sans trop d'inégalité, joûter avec lui et l'exception est assez rare pour que l'on nomme cet heureux lutteur. C'est l'abbé Guénée. Celui-ci essaie de combattre Voltaire avec ses propres armes, avec la raillerie. Dans un ouvrage qui a pour titre : *Lettres de quelques Juifs,* il persifle agréablement le persifleur universel; il s'amuse des bévues échappées çà et là à cette plume si légère et si rapide. Voltaire ne se tient pas pour battu; il riposte par un opuscule qui a pour titre : *Un chrétien contre six Juifs.* Mais il reconnaît que son adversaire est « malin comme un singe » et il prend la peine de lui répondre plus sérieusement qu'aux autres.

Du reste, toutes les tentatives faites en faveur de l'Eglise sont vouées alors à un insuccès certain, parce qu'elles vont contre le courant puissant qui emporte toute l'époque. Evêques et théologiens, catholiques et protestants, prosateurs et poètes ont beau multiplier leurs efforts : ils se heurtent à l'indifférence et au mépris public. S'il fallait prouver combien un individu a peu de force, quand il est en lutte avec le mouvement général, le sort du poète Gilbert suffirait à la démonstration. Il ne manque certes ni de talent ni de haine; il déteste cordialement celui qu'il appelle « M. de Vole-à-terre »; il sait même trouver des vers énergiques que la mémoire garde sans le vouloir. Mais le malheureux vient se briser contre la masse compacte d'un parti trop fort pour être ébranlé par des attaques de cette espèce ; après une vie pénible, il s'en va mourir à demi fou dans un hôpital.

Voltaire, au contraire, se sentait soutenu par l'opinion publique. On commençait à dire tout haut que le temps de la raison était venu. On annonçait que le fanatisme et la superstition allaient cesser de vivre et par là on entendait, non pas seulement ces plantes parasites qui se greffent sur la religion, mais la religion elle-même. Aussi Voltaire s'allège-t-il des derniers scrupules qu'il avait gardés : « Plus je vieillis, » écrit-il, « plus je deviens implacable pour l'infâme. » Et, en effet, il lance ouvrage sur ouvrage contre l'Eglise. C'est son *Dictionnaire portatif* qui s'appellera plus tard *Dictionnaire philosophique,* mais qui sous ces deux titres reste un répertoire de railleries et d'arguments contre l'Ancien et le Nouveau Testament. Un peu plus tard il écrit *Saül* et Gœthe, qui, dans la suite, fut loin d'être un modèle d'orthodoxie, disait que, dans sa pieuse enfance, il eût volontiers étranglé Voltaire à cause de ce dialogue satirique. Vient ensuite le *Sermon des cinquante.* Puis Voltaire apprend qu'un curé nommé Jean Meslier est mort en laissant tout un réquisitoire contre la religion qu'il a professée et enseignée. Il est ravi de trouver un allié dans la place et il se charge d'éditer la prose du curé novateur. Celui-ci a attaqué l'Etat autant que l'Eglise ; il sape le trône avec l'autel. Voltaire, craignant d'attaquer à la fois deux puissances aussi redoutables, élague l'ouvrage touffu qu'il a entre les mains et en tire une petite brochure qui court sous le titre de : *Extraits des sentiments du curé Jean Meslier.* Il revient à la charge de mille façons diverses. *Lettres, discours, dialogues, notes, pensées, remarques, catéchismes, homélies,* s'envolent à chaque instant de Ferney. A la *Bible enfin expliquée* sert de pendant *L'examen important de milord Bolingbroke.* C'est une autre fois *le Dîner du comte de Boulainvilliers.* Il y a cent opuscules du même genre, dont le titre seul suffirait à remplir plusieurs pages.

Voltaire, dans son ardeur de démolition, n'épargne aucune des églises chrétiennes. Aux catholiques il reproche la Saint-Barthélemy, les dragonnades, les bûchers, et la seule différence qu'il consent à reconnaître entre les deux sectes qui se firent la guerre pendant le XVIIIe siècle, c'est que les jésuites lui semblent plutôt renards et les jansénistes plutôt loups. Aux réformés il ne pardonne pas d'avoir, eux aussi, brûlé des hommes au nom du ciel, d'avoir mis l'infaillibilité des livres saints à la place de celle du pape, d'avoir élevé dogmes contre dogmes et couvert l'Europe de meurtres et de ruines. Il leur en veut encore de n'avoir pas su rire, d'avoir blasphémé contre l'art et la joie, d'avoir voulu transporter dans le monde la vie austère du couvent. Le christianisme sous toutes ses formes est ainsi l'objet de sa haine. Il s'écria, paraît-il, un jour : « Je m'ennuie d'entendre dire que douze hommes ont pu établir la religion chrétienne ; il me prend envie de faire voir qu'un seul suffit pour la détruire. »

Voltaire commence donc par railler le culte des reliques et des saints, la vente des indulgences, les cérémonies de l'Église. Il répète en les aiguisant les sarcasmes des premiers réformateurs. Mais il ne s'arrête pas à la limite que ceux-ci n'ont point dépassée. Il pourra dire à la fin de sa vie :

J'ai fait plus en mon temps que Luther et Calvin.

C'est contre les bases du christianisme qu'il tourne bientôt ses forces. Qu'on ne lui parle plus du Paradis terrestre ni de l'enfant puni avant de naître pour une faute qu'il n'a pas commise. Il n'admet ni péché originel ni, par conséquent, rédemption. Quant aux miracles, il les attaque de toutes parts. Tantôt il démontre qu'une dérogation aux lois de la nature ne peut se comprendre ; tantôt il ébranle la force des témoignages, rapproche les prodiges dont fourmille l'histoire ancienne des miracles racontés par la Bible, s'amuse à prouver que les prouesses prêtées par Rabelais au géant Gargantua sont aussi croyables et aussi bien attestées.

Il passe de là au dogme de la révélation; il se demande pourquoi Dieu aurait révélé à quelques élus les moyens de gagner la vie éternelle, tandis qu'il aurait refusé ce privilège à la masse des hommes; il soutient que c'est rabaisser Dieu que de lui prêter une injustice pareille; il se déclare incrédule par piété vraie.

Il ne s'en tient pas au raisonnement pur; il soumet les textes à l'examen et voici ce qu'il y découvre :

La Bible raconte quantité d'horreurs commises au nom de Dieu; elle contient des prescriptions contraires à la morale; donc, elle n'est pas d'origine divine.

La famille de David, à commencer par David lui-même, a été fertile en crimes et en infamies. Donc, Dieu n'aurait pu la choisir pour s'y faire homme.

Les Evangiles se contredisent sur plusieurs points. Donc, ils n'ont pas été inspirés par le Saint-Esprit, qui n'aurait pu dire un jour une chose et le lendemain le contraire.

On a supposé de faux actes de Pilate, un faux voyage de saint Pierre à Rome, une fausse correspondance de Sénèque et de saint Paul. Qui nous garantit que les Evangiles eux-mêmes ne sont pas apocryphes ou du moins altérés?

On prétend que le christianisme s'est établi avec une rapidité surnaturelle. Voltaire répond qu'il a mis des siècles à conquérir une petite partie de l'humanité, que d'ailleurs il se rattache au passé par des liens nombreux, qu'il a pour père le judaïsme et pour mère la doctrine néo-platonicienne.

Si le christianisme était divin, dit encore Voltaire, les effets auraient dû en être excellents. Or que l'on compte les millions d'hommes qui ont péri dans les querelles religieuses; qu'on songe aux atrocités commises par des chrétiens contre des chrétiens; puisqu'on ose proclamer comme un précepte divin cette maxime de sang : Pense comme moi ou je t'assassinerai!

De tout cela, Voltaire tire une seule et même conclusion : c'est que le christianisme est une religion qui, comme tant d'autres, a commencé par l'enthousiasme et fini par le calcul; qui, soi-disant émanée de Dieu, est une œuvre purement humaine où fourberie et crédulité ont une part égale.

Ce n'est pas ici le lieu de discuter et de juger l'argumentation multiple de Voltaire. Mais il est permis de dire que, depuis lors, il n'y a pas eu d'attaque vraiment neuve contre la religion chrétienne. Voltaire lui-même n'a pas imaginé tout ce qu'il fait valoir. Ce qui le distingue, ce qui lui assure une place à part et au premier rang parmi les adversaires de l'Eglise, c'est d'abord qu'il a fait un vaste ensemble d'arguments jusqu'alors dispersés; c'est ensuite qu'il les a mis à la portée de tout le monde par la façon dont il les a exposés; c'est enfin et surtout qu'il en a doublé la force en les animant de sa verve et de son ironie. Dans un de ses ouvrages, Voltaire fait dire à l'un de ses personnages : « Un bon mot ne prouve rien. — Un bon mot, répond un autre, n'empêche pas d'avoir raison ». C'était aussi l'avis de l'auteur et, on peut le dire, du siècle tout entier. Voltaire sait à qui il s'adresse. Il bannit tout appareil scientifique; il sent qu'en France une grêle d'arguments tournés en épigrammes est encore ce qui a le plus de chances de réussir. De là ce ton moqueur, cette raillerie souvent insaisissable, qui voilent et cachent presque le sérieux de la discussion engagée.

On se doute bien que Voltaire n'est pas plus favorable aux prétentions qu'aux doctrines de l'Eglise. Et, en effet, il réclame liberté de conscience et liberté de culte pour tous les dissidents, à la seule condition que leurs pratiques ne soient pas contraires à la morale. Mais il ne se borne pas à désirer cette limitation dans l'autorité de l'Eglise dominante ; il souhaite qu'on lui enlève ses richesses, il combat la dîme ; il veut qu'on facilite le salut des prêtres en les débarrassant de leurs biens terrestres ; il pousse même les princes à délivrer le pape du fardeau du pouvoir temporel. Il ne demande pas le divorce de l'Eglise et de l'Etat ; il aimerait mieux assujettir à l'autre celui des deux conjoints qui lui semble le plus dangereux pour la sécurité publique. Il ne voit qu'un moyen de réduire à l'impuissance l'ambition et l'intolérance du clergé : c'est, dira-t-il, « de rendre la religion absolument dépendante du souverain et des magistrats ». Il est, sur ce point, en parfait accord avec Rousseau, et l'on peut remarquer que ces idées représentent assez bien l'état des esprits en France aux environs de 1789 : les hommes de la Constituante, en confisquant les biens du clergé et en soumettant ses membres à un serment civique, n'ont été, à vrai dire, que les exécuteurs testamentaires des deux philosophes.

Ce n'est pas seulement en théorie que Voltaire se montre hostile aux prêtres. Il les avait longtemps ménagés dans sa conduite ; mais, dans cette dernière période de sa vie, il commence à rudoyer ceux auxquels il se trouve avoir affaire. Il y eut un curé voisin de Ferney qu'il travailla, de toutes ses forces, à faire aller aux galères. Le curé un peu vif avait, du reste, assommé l'un de ses paroissiens, ce qui est sans doute dépasser les droits du pasteur sur ses brebis. Un peu plus tard, il avait des démêlés avec son évêque : c'était l'évêque de Genève, comme il s'intitulait, ou l'évêque d'Annecy, comme il était en réalité. Voltaire avait fait démolir à Ferney une vieille église qui gênait ses plans : il en fit rebâtir

ÉGLISE ÉRIGÉE PAR VOLTAIRE A FERNEY

une autre, il est vrai; mais il y mettait cette inscription : « Deo erexit Voltaire [1], » et, pour que nul ne se méprît sur son intention, il avait soin d'écrire à ses amis : « Deo, non Christo [2]. » Il disait encore : « Je ne l'ai dédiée à aucun saint. Je pense qu'il vaut mieux s'adresser au maître qu'aux valets. » Un beau jour, dans cette église qu'il considérait comme sienne, Voltaire eut la fantaisie de communier. Il se disait et se croyait peut-être, en qualité de seigneur du lieu, obligé de donner ce qu'il appelait « le bon exemple ».

Singulière expression dans la bouche de celui qui avait pris pour devise : « Ecraser l'infâme! » Pour l'expliquer, il faut pénétrer un peu plus avant dans ses idées : car comment comprendre l'effet, si on ne le rattache pas à la cause?

On a essayé parfois de transformer Voltaire en ami du peuple, en démocrate. C'est là un véritable travestissement. Le seigneur de Ferney traite trop souvent le peuple avec le mépris d'un gentilhomme. Il a écrit quelque part : « A l'égard du peuple, il sera toujours sot et barbare.... Ce sont des bœufs, auxquels il faut un joug, un aiguillon et du foin. » Paysans et ouvriers lui déplaisent, parce qu'ils ne pensent point; il les croit voués pour toujours à l'ignorance et à la grossièreté; il ne songe pas à répandre parmi eux les idées nouvelles, et il le dit en termes des plus dédaigneux : « On n'a jamais prétendu éclairer les cordonniers et les servantes. C'est le partage des apôtres. » Le spectacle de la Suisse, le savoir répandu parmi les citoyens de Genève le font quelque peu revenir de ce mépris aristocratique; il exprime en quelques endroits l'espoir que, dans un avenir lointain, tailleurs et blanchisseuses finiront par savoir lire et même par penser

1. Elevée à Dieu par Voltaire.
2. A Dieu, et non au Christ.

à leur tour ; il va jusqu'à s'écrier, sans songer qu'il condamne lui-même les expressions dont il s'est servi : « Tout est perdu, quand on traite le peuple comme un troupeau de taureaux ; car, tôt ou tard, ils vous frappent de leurs cornes. » Mais, malgré ce revirement tardif, Voltaire s'obstine à laisser aux pauvres et aux petits les croyances qu'il répudie pour lui-même ; il défend l'existence de Dieu comme un dogme nécessaire à la conservation des Etats, et tel est le sens du fameux vers si souvent cité :

Si Dieu n'existait pas, il faudrait l'inventer.

Une fois que ses amis parlaient de Dieu trop librement à sa table, il fit sortir tous les domestiques, et, comme on s'étonnait, il s'écria : « Je n'ai pas envie d'être volé ou égorgé cette nuit. »

Après cela, il est aisé de comprendre pourquoi M. de Voltaire s'avisa de jouer, aux yeux de ses vassaux, le rôle de catholique pratiquant.

Il communia donc : mais il ne voulut pas s'en tenir là ; il usurpa les fonctions du curé, il adressa aux fidèles un petit sermon, il leur recommanda, entre autres choses, de respecter la propriété en général et son bois en particulier. Cette petite scène parut une raillerie en action ajoutée à tant de railleries en paroles. L'évêque d'Annecy prit très mal la chose ; il adressa une lettre de remontrances à son ouaille peu docile. Voltaire répondit avec beaucoup de convenance, mais en éludant toute espèce de contrainte et d'engagement. Bref, les choses vinrent en tel point que l'évêque défendit au curé de Ferney d'admettre Voltaire à la communion, à moins d'une rétractation pleine et entière de ses écrits irréligieux. Voltaire n'eut pas plus tôt appris cette défense, qu'il se sentit pris d'un désir immodéré de narguer son évêque et de faire ses Pâques. Il fait d'abord par devant notaire une déclaration d'orthodoxie irréprochable; il déclare hautement qu'il a vécu et qu'il veut mourir dans la religion catholique, qu'il pardonne à ceux qui l'ont représenté comme un ennemi de ladite religion. Cela fait, il se dit malade, à l'agonie ; le curé, malgré toute espèce d'instances, se refuse à faire ce qu'il demande; le pauvre homme, placé entre Voltaire et son évêque, entre l'enclume et le marteau, devient malade de peur, mais il garde encore la force d'inertie; il ne bouge pas. Voltaire alors fait venir un capucin; il se confesse, puis, à force de menaces et de belles paroles, il lui extorque une absolution; dès lors, plus d'obstacle. Il communie, et aussitôt le voilà guéri comme par enchantement, rajeuni et ragaillardi par le plaisir d'avoir vaincu son évêque.

Une pareille comédie (1769) fut, disons-le, aussi mal vue des philosophes que des dévots. Pour les uns, c'était une espèce de sacrilège ; pour les autres, une capucinade indigne du patriarche des libres-penseurs. Voltaire essaya de s'en excuser. Il écrivait à un ami :

« J'ai passé par toutes les cérémonies qu'un officier de la chambre du roi, un membre de l'Académie française et un seigneur de paroisse doivent faire .»

Ailleurs, il se rejette sur un danger qui le menaçait, prétend-il :

« A l'égard du déjeuner (la communion), je vous répète qu'il était indispensable. »

Il rappelle qu'il est dans un diocèse dépendant de l'Italie et qu'il y a un bref pontifical contre lui. Il déclare qu'il a eu grand peur de devenir martyr, et qu'il s'est confessé, afin d'être tout au plus confesseur. Le péril de Voltaire n'était peut-être pas aussi fantastique qu'on pourrait le croire. L'évêque d'Annecy avait écrit à la cour de France pour réclamer des mesures de rigueur contre ce paroissien peu facile à dompter. Voltaire, qui était prompt à s'effrayer, craignit peut-être quelque violence. Mais, malgré cela, il est permis de regretter qu'il n'ait pas porté, tête levée, ses croyances et qu'il se soit, une fois de plus, abaissé à des mensonges plus répugnants encore qu'inutiles.

On peut ajouter, comme circonstance atténuante, que l'Eglise catholique semblait parfois encourager ceux qui ne la prenaient pas au sérieux. Sans parler du Père Adam, cet hôte de Voltaire, qui passe son temps à lui dire la messe, à lui donner des déclarations d'orthodoxie et à jouer aux échecs avec lui, le chef d'un ordre monastique fit à Voltaire une gracieuseté passablement étrange. Le philosophe avait obtenu d'un ministre pour les capucins de Gex une gratification assez forte. Le général de l'Ordre l'en remercia en lui envoyant un brevet de capucin, et dès lors Voltaire put se proclamer « fils spirituel de saint François et père temporel ». Il put s'amuser à signer ses lettres « Frère Voltaire, capucin indigne ».

Un peu auparavant, il s'était vu engagé dans une entreprise non moins singulière. Pendant deux siècles, presque tous les poètes français ont rimé, sur leurs vieux jours, une *Paraphrase des Psaumes*. Cet essai de poésie religieuse était, en général, un symptôme de mort prochaine. Ils songeaient à racheter leurs péchés de jeunesse, quand ils ne pouvaient plus en commettre de pareils. C'était, du reste, les expier le plus souvent aux dépens des lecteurs, tant ces vers pénitents avaient coutume de remplacer par la piété l'inspiration absente et le génie éteint. Eh bien! Voltaire faillit, comme tant d'autres, faire sa paraphrase des psaumes. Il traduisit du moins le *Cantique des Cantiques*. Et pour qui se transformait-il ainsi en poète sacré? Pour Madame de Pompadour qui fut atteinte, pendant quelques semaines, d'un accès de dévotion. Elle lui faisait entrevoir comme récompense un chapeau de cardinal. Vol-

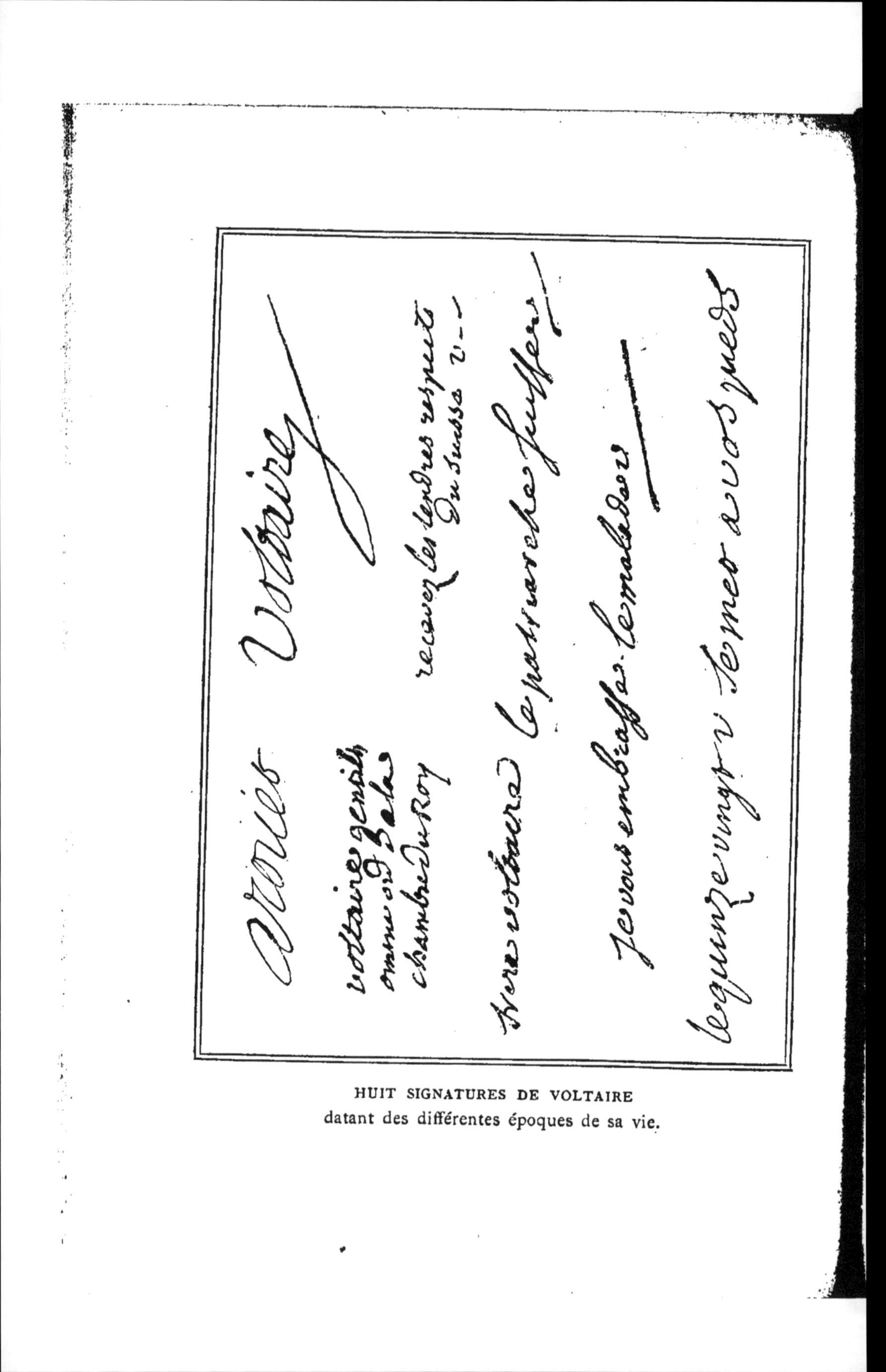

HUIT SIGNATURES DE VOLTAIRE
datant des différentes époques de sa vie.

taire cardinal! Et nommé sur la demande de celle que Frédéric II appelait Cotillon III! La chose eût valu la peine d'être vue. On n'alla pas jusque-là; mais il faut avouer que tout cela n'était pas de nature à rendre la religion plus respectable aux yeux de Voltaire, et que l'Eglise fut complice presque autant que victime de ses irrévérences.

CHAPITRE X

CAMPAGNE DE VOLTAIRE EN FAVEUR DE LA TOLÉRANCE RELIGIEUSE

AFFAIRES CALAS — SIRVEN — LABARRE — ETC.

Il est encore une chose, on pourrait même dire il est surtout une chose qui provoque la haine de Voltaire contre l'Eglise. C'est l'intolérance qui était alors prêchée et pratiquée par les catholiques. Voltaire détestait de tout son cœur les massacres accomplis au nom d'un Dieu de paix; il ne parlait qu'avec horreur des flots de sang qu'avait fait couler la différence de religion; il prenait la fièvre chaque année, nous dit-il, à l'anniversaire de la Saint-Barthélemy; et l'on peut dire de lui, si ces deux mots peuvent aller ensemble, qu'il fut un apôtre fanatique de la tolérance. Ici, le rôle de Voltaire est noble et courageux; il se fait le défenseur des réformés persécutés en France; il s'engage dans des batailles qui lui coûtent bien du temps et bien des peines; mais il en sort grandi, digne du respect de tous ceux qui estiment un dévouement désintéressé. A moins qu'on ne regrette les jours sanglants de l'Inquisition, à moins qu'on n'approuve les égorgements et les expulsions en masse au nom d'une foi soi-disant infaillible, on est forcé de reconnaître qu'en attaquant ce reste de la barbarie du moyen âge Voltaire travaillait pour le bien de l'humanité. Si la vérité veut qu'on mette en lumière les côtés faibles de son caractère, la justice exige aussi qu'on rende hommage à ce qu'il eut de généreux et d'élevé.

Le XVIIIe siècle nous apparaît toujours, à nous qui le voyons de loin, comme un siècle sceptique et raffiné. Mais, pendant que l'esprit de doute s'infiltrait peu à peu dans la nation tout entière, la foi vivait encore dans bien des âmes; l'époque est remplie de disputes fastidieuses entre molinistes et jansénistes ; les miracles pullulent et Voltaire, encore jeune, comme Rousseau plus tard, eut l'occasion d'être cité en témoignage pour en constater un; il y eut, à Paris, des années où le surnaturel courut les rues et les cimetières. Ce qui était pis, c'est que le fanatisme n'était pas éteint. Au milieu de cette société d'opinions si libres, de mœurs si relâchées, on voyait parfois surgir tout à coup quelque pratique odieuse qui reportait les esprits à deux ou trois siècles en arrière. Ainsi, les comédiens ne pouvaient se marier, sans renoncer formellement au théâtre, et, quand ils mouraient, on leur refusait des prières et un peu de terre dans l'enclos réservé aux chrétiens : on enfouissait leur cadavre comme celui d'un chien mort. Les protestants étaient assimilés à ces excommuniés et plus maltraités encore. Depuis la révocation de l'Edit de Nantes, comme ils étaient censés supprimés, ils n'avaient plus aucun droit ; ils étaient forcés de se déclarer catholiques et d'aller à la messe ; sinon leur mariage par devant un pasteur était nul, leurs enfants étaient regardés comme bâtards, et, par suite, inhabiles à hériter des biens de leurs parents. Presque toutes les professions leur étaient interdites, et, pour que la loi ne pût être éludée, on exigeait un acte de foi catholique de quiconque voulait être avocat, procureur, médecin, libraire, épicier, clerc de procureur, etc. Malgré tant de persécutions, les protestants subsistaient, surtout dans le midi ; on les tolérait, à condition qu'ils voulussent se plier pour la forme à certaines hypocrisies obligatoires et endurer toute sorte de vexations. Mais, si l'on découvrait qu'ils avaient été en pleine campagne, au *Désert*, comme on disait, écouter la prédication d'un pasteur, ils étaient sur-le-champ envoyés aux galères. Quant au ministre, s'il était pris, on le brûlait, et, à Toulouse, le bûcher s'alluma encore dans la seconde moitié de ce siècle, si voisin du nôtre! En vain Montesquieu et tous les philosophes protestaient contre ces atrocités : ils n'avaient pu prévaloir contre le clergé et les Parlements servilement attachés aux antiques coutumes.

Une preuve éclatante de ce fanatisme persistant vint s'ajouter à toutes les autres en l'année 1761. Le 13 octobre, dans la ville de Toulouse, la famille de Jean Calas, un protestant, était plongée dans la désolation. Le soir, après souper, le fils aîné de la famille, Marc-Antoine, s'était pendu dans la maison paternelle. C'était un jeune homme ambitieux et mélancolique; au moment de devenir avocat, il s'était vu arrêter par sa qualité de réformé; dès lors, il s'était assombri, et ce soir-là, après avoir mangé en compagnie de ses parents et d'un de ses amis de Bordeaux, nommé Lavaisse, il avait mis fin à une vie devenue pour lui un fardeau.

Son père et sa mère, désespérés de ce suicide, pleuraient : mais ils ne se doutaient guère de l'orage qui allait fondre sur eux. La foule s'était attroupée; des magistrats venaient constater le décès, quand tout à coup une voix s'écria : « Il « ne s'est pas tué, c'est son père qui l'a étranglé pour l'em- « pêcher de se faire catholique. » L'accusation tomba dans une oreille attentive; c'était celle d'un membre du Parlement, nommé David de Beaudrigues. Ce magistrat était un caractère emporté, un fougueux catholique; sans autre information, il fait arrêter le père, la mère, un frère plus jeune, nommé Pierre, et l'ami de Bordeaux, Lavaisse. Pendant ce temps, le peuple s'exalte; on va colportant des calomnies contre les réformés; on prétend qu'ils sont poussés par leur croyance à tuer leurs enfants et on leur jette à la face un passage où Calvin, dans son *Institution chrétienne*, approuve les paroles de la Bible qui permettent au père de mettre à mort son fils désobéissant. La conviction est si bien faite dans les esprits, que, le jour des funérailles de Marc-Antoine, le malheureux jeune homme est figuré dans l'église par un squelette écrivant d'une main en grosses lettres ces paroles : *Abjuration de l'hérésie* et tenant de l'autre main une palme, symbole du martyre. Comme on l'a dit, c'était la condamnation du père qu'écrivait le squelette.

En effet, les prévenus sont poursuivis avec une fureur que rien n'arrête. En vain ils protestent de leur innocence; en vain tout plaide en leur faveur, une vie honorable, l'impossibilité pour un vieillard d'étrangler son fils dans la force de l'âge, la présence dans leur maison d'une servante catholique qui s'y est toujours trouvée bien traitée, la conversion antérieure d'un autre fils que ses parents n'ont pas cessé de voir et d'aimer malgré son abjuration. L'exaltation de la foule est poussée si loin, que personne n'ose les défendre; les juges, moitié convaincus, moitié intimidés, cèdent à la pression du dehors, et d'abord le tribunal ordinaire (les capitouls), puis le Parlement condamne le père du suicidé. Et quelle condamnation! Le prétendu coupable doit faire amende honorable de son crime pieds nus, en chemise, une torche à la main ; puis être rompu vif sur la roue, y rester, le visage tourné vers le ciel, jusqu'à ce que mort s'ensuive; être ensuite jeté dans un bûcher, afin que son corps y soit réduit en cendres qui seront jetées au vent. Avant de subir ce supplice, Jean Calas devait passer encore à la torture. On voulait le forcer à dénoncer les complices qu'il devait avoir. Mais on eut beau lui allonger bras et jambes avec des cor-

ADIEUX DE CALAS A SA FAMILLE

des attachées à ses fers, on eut beau lui faire avaler d'énormes quantités d'eau, il ne cessa de crier qu'il était innocent. Enfin il subit sa peine avec un courage héroïque, et, pour achever la ruine de la famille, le fils cadet fut condamné au bannissement perpétuel; les deux filles furent enfermées dans un couvent; la mère reconnue innocente, ainsi que le jeune Lavaisse, dut quitter un pays où elle n'avait plus de quoi vivre, où elle était poursuivie d'ailleurs par des souvenirs sanglants et par la haine populaire.

Le premier mouvement de Voltaire, en apprenant le drame horrible qui venait de s'accomplir à Toulouse, fut de croire à la culpabilité du condamné. Mais ses amis de Genève mieux informés lui inspirèrent des doutes. Il fit alors une enquête pour son propre compte; il fut assez long à se former une conviction; mais il vit, il interrogea la mère et le fils réfugiés sur le territoire de la république genevoise, et enfin il s'écria dans une lettre à l'un de ses amis : « J'ose « être sûr de l'innocence de cette famille comme de ma « propre existence. » Jean-Jacques, sollicité à cette époque d'agir en faveur de cette grande infortune, répondit : « J'ai fait assez pour le bonheur des hommes. Que d'autres y travaillent à leur tour ! » La conduite de Voltaire est bien différente. Il n'épargne rien pour obtenir la réparation d'une iniquité aussi criante. Il écrit brochures sur brochures; il s'adresse aux ministres, aux princes, à l'Europe tout entière; il revient à la charge avec une admirable tenacité; il lance un jour un traité sur la tolérance, il écrit une autre fois une pièce de thâtre où il flagelle les Parlements. La tâche qu'il poursuit est loin d'être facile. La magistrature, qui croit son honneur engagé, répugne à se reconnaître coupable d'une erreur et l'on dit à Voltaire ce mot qui le fait bondir de fureur : « Prenez garde ! Il y a plus de magistrats « que de Calas. » Il se heurte à l'indifférence des hommes au pouvoir, aux mauvaises dispositions du clergé catholique. Mais Voltaire est animé d'une indomptable volonté. « Pendant ces deux ans, écrivait-il plus tard, il ne m'est pas échappé un sourire que je ne me le sois reproché comme un crime. » Ses ennemis les plus intraitables sont obligés de lui rendre justice et le Genevois Bonnet disait alors : « Un « pareil zèle suffit à couvrir une multitude d'écarts. » Enfin sa généreuse activité eut sa récompense. Au mois de janvier 1763, Calas et toute sa famille furent solennellement réhabilités. Ils ne réussirent jamais, il est vrai, à arracher leurs biens confisqués aux griffes du Parlement de Toulouse. Mais peu importait! Le Parlement était flétri justement; tout le monde s'intéressait dès lors aux Calas, ils étaient arrachés pour toujours à la misère et à l'infamie. C'était bien à Voltaire qu'ils le devaient. « O le bel emploi du génie! » s'écriait Diderot à ce sujet et il n'était personne qui ne pensât comme lui. Quand Voltaire vint mourir à Paris, il entendit dans la foule une femme du peuple crier : « Le voilà, l'homme aux Calas ! » — Ce fut peut-être l'éloge qui lui alla le plus au cœur et vraiment la gloire de Voltaire ne brilla jamais de plus purs rayons que dans cette lutte aussi désintéressée que longue et pénible.

Voltaire n'avait pas épuisé toute sa philanthropie dans ses efforts en faveur des Calas. Une autre affaire du même genre ne le trouva pas plus insensible. Il disait : « Quand on est jeune, il faut aimer comme un fou; quand on est vieux, il faut travailler comme un diable. » Et il mettait en pratique la dernière partie de cette maxime.

Or, au mois de décembre 1761, près de la ville de Castres, dans le petit village de Mazamet, la fille d'un protestant, nommé Sirven, avait tout à coup disparu. Les parents la cherchèrent; ils crurent que la jeune fille, dont la tête était un peu dérangée, s'était enfuie; elle leur avait été enlevée une première fois, sous prétexte qu'elle désirait se faire catholique, et enfermée dans un couvent; elle avait été bientôt lasse du cloître et était revenue chez elle où sa raison ne s'était jamais rétablie. Pendant qu'on se livrait à toutes sortes de conjectures sur cette disparition mystérieuse, on découvrit le cadavre de la pauvre fille dans un puits voisin de la maison de son père. Y était-elle tombée par imprudence? S'y était-elle jetée dans un accès de délire? On l'ignore encore aujourd'hui. Mais on ne daigna pas se le demander alors. Le fanatisme éveillé aussitôt vit là un nouveau crime. Un ordre d'arrestation fut lancé contre Sirven. C'était le moment où Calas était condamné, et le pays où habitait Sirven était précisément dans le ressort du parlement de Toulouse. On comprend que l'accusé n'ait pas voulu courir la chance d'un jugement en de telles circonstances. Il s'enfuit donc avec sa femme et ses enfants. C'était en plein hiver, par des chemins encombrés de neige. Les pauvres gens arrivèrent exténués à la frontière de Suisse. Ce fut encore Voltaire qui les recueillit et qui se chargea de leur faire rendre justice. Ils avaient été victimes des mêmes passions que les Calas. Leur procès avait été instruit sans enquête sérieuse, et un juge avait même osé dire à un avocat qui sollicitait en leur faveur : « Pourquoi vous, qui êtes « catholique, défendez-vous des protestants? » Avec de pareils procédés, la condamnation était sûre. En effet, Sirven et sa femme, atteints et convaincus de parricide, étaient condamnés à être pendus; deux filles qu'ils avaient, considérées comme complices, devaient assister d'abord à l'exécution de leurs parents, puis être bannies pour jamais du royaume. Par bonheur pour les Sirven, la sentence ne pouvait être exécutée qu'en effigie. Mais cela ne suffisait pas à Voltaire. Il voulait que ses protégés pussent rentrer en France tête levée. Il poursuivit son but pendant sept ans et plus avec un acharnement méritoire. Enfin, quand il crut le terrain bien préparé, il décida Sirven à se constituer prisonnier et à purger sa contumace. Le procès fut révisé; l'arrêt fut cassé et, chose qui montre bien le progrès que les esprits avaient fait en quelques années, cassé par ce même parlement de Toulouse auteur de l'inique condamnation des Calas. La justice, à cette époque, n'allait pas vite; mais elle mettait encore plus de temps à réparer ses erreurs qu'à les commettre. Il y avait dix ans que Sirven avait dû fuir la France, quand il fut enfin déchargé de l'accusation qui pesait sur lui.

Nous ne sommes pas au bout de ces luttes de Voltaire contre les parlements. Si les peines étaient parfois mal appliquées, elles étaient toujours atroces. Il y avait la plus criante disproportion entre les délits et les châtiments dont ils étaient frappés, et il semblait que les tribunaux fissent des efforts d'imagination pour porter au comble l'horreur des supplices. En faut-il un exemple? Damiens, un fou, avait frappé le roi Louis XV d'un coup, non pas de poignard, mais de canif; c'était pour l'avertir, disait-il, et non pour l'assassiner; et, de fait, on ne s'arme pas d'un canif, quand on veut tuer quelqu'un. Il n'en fut pas moins condamné à être tenaillé avec des fers rouges, à recevoir du plomb fondu dans ses plaies et à être enfin écartelé. Le jour du supplice, on pourrait presque dire de la représentation, les belles dames de la cour louèrent les fenêtres qui donnaient sur la place de Grève, et, comme les chevaux attelés, les uns aux bras, les autres aux jambes de Damiens tiraient et suaient sans parvenir à mettre en pièces le corps robuste du misérable, on entendit une de ces belles dames s'écrier dans un accès de sensibilité : « Oh! les pauvres chevaux! »

C'est contre de pareilles atrocités que les philosophes du XVIIIe siècle ont soulevé l'indignation. Voltaire n'y a pas moins travaillé que les autres, et voici une affaire où il se trouva même directement mêlé.

En l'année 1765, les habitants d'Abbeville furent un matin dans le plus grand émoi. Le crucifix, qui se trouvait sur un des ponts de la ville, avait été mutilé pendant la nuit. Le clergé célèbre alors une grande cérémonie expiatoire et fait appel, non-seulement à la colère divine, mais à la vengeance terrestre. Pendant ce temps, les coupables étaient activement recherchés. Un mandat d'arrestation était lancé contre un jeune gentilhomme nommé Gaillard d'Etallondes; mais celui-ci s'était hâté de mettre la frontière entre lui et ceux qui le poursuivaient. On se rabattit sur deux de ses complices présumés. L'un, le chevalier de Labarre, avait vingt ans; l'autre en avait dix-sept. Il n'y eut point de preuve, point d'aveu sur le fait capital qui avait motivé leur emprisonnement; mais on trouva bien d'autres griefs contre eux. Ils ne s'étaient pas découverts en passant près d'une procession; ils avaient chanté des chansons peu édifiantes; Labarre était convaincu d'avoir récité quelques vers de l'*Epître à Uranie,* poème de Voltaire hostile au christianisme; il s'était incliné devant certains livres condamnés par l'Eglise et, entre autres, devant le *Dictionnaire philosophique* du même Voltaire. Ce furent là les charges que le tribunal eut à apprécier. Le plus jeune des accusés, qui avait révélé ces détails, fut sauvé par cette confession; mais Labarre, chargé par son complice, poursuivi par des rancunes personnelles, vit tomber sur lui une sentence dont la dureté était loin d'être en rapport avec les fautes qu'il pouvait avoir commises. Il était condamné à faire amende honorable devant la cathédrale d'Abbeville, à avoir ensuite la langue arrachée, à être enfin décapité et brûlé. Le chevalier était neveu d'une abbesse; il appartenait à une famille de bonne noblesse. On croyait à un adoucissement en sa faveur. Mais le parlement de Paris confirma la sentence; Louis XV, qui pouvait faire grâce, ne prononça pas le mot sauveur, et l'arrêt fut exécuté. Le malheureux jeune homme le subit avec une fermeté que rien n'ébranla. Avant de partir pour le lieu du supplice, il demanda du café, ajoutant en souriant : « Il ne m'empê- « chera pas de dormir ce soir. » On voulut lui couper les cheveux : « A quoi bon ! dit-il, Veut-on faire de moi un en- « fant de chœur ? » On lui épargna la torture de se sentir arracher la langue, et le bourreau prit ses précautions pour lui trancher la tête sans s'y reprendre à plusieurs fois, comme cela n'arrivait que trop souvent. Elle tomba d'un seul coup, aux applaudissements de la foule.

Voltaire fut indigné en apprenant la cruelle sentence dont le chevalier de Labarre était frappé. Il essaya de le défendre; mais il ne pouvait le faire ouvertement. Un des crimes reprochés au jeune homme n'était-il pas de s'être incliné devant un des ouvrages du patriarche de Ferney ? Si un pareil acte était aussi sévèrement puni, l'auteur des ouvrages en question avait le droit de ne pas être très rassuré. Voltaire, qui avait appris dans sa jeunesse ce que pesait la liberté d'un homme dans les balances du pouvoir, était fort inquiet. Il s'empressa de se réfugier sur territoire suisse. Il songeait même à fuir plus loin. Réconcilié depuis longtemps avec Frédéric, il lui écrivait pour lui demander un asile dans son royaume. Il rêvait de fonder dans la ville de Clèves une colonie de philosophes. Il engageait Diderot-Platon, comme il disait, et d'Alembert-Protagoras à se transporter avec lui dans ce pays qui serait devenu le foyer de la libre pensée. Mais le projet n'était guère praticable. Paris offrait encore plus d'attraits que de dangers, et ce projet d'établir en territoire prussien « une manufacture de vérité », comme disait Voltaire, fut bientôt abandonné par lui. Revenu à des sentiments plus calmes, il entreprit de faire réhabiliter le chevalier de Labarre. Il n'y put réussir. Il parvint du moins à sauver son ami, Gaillard d'Etallondes, qui était passé en Prusse; il le recommanda chaudement à Frédéric II qui l'accueillit. Il chercha même plus tard à lui ménager les moyens de rentrer en France sans danger; mais il se heurta contre une obstination à toute épreuve.

On s'est parfois étonné de l'acharnement que Voltaire a montré contre les Parlements. On s'est demandé pourquoi il les a poursuivis sans pitié dans ses pièces de théâtre, dans une foule de mémoires et même dans une *Histoire* qu'il leur a consacrée. Rien de plus naturel cependant. Voltaire ne leur pardonnait pas d'avoir versé le sang innocent. En vain les Parlements étaient-ils les derniers obstacles opposés à l'arbitraire royal. En vain se faisaient-ils de temps en temps les défenseurs des derniers droits laissés à la nation. Voltaire plaçait leur rôle judiciaire avant leur rôle politique, et jamais leurs platoniques remontrances au roi n'effacèrent à ses yeux les erreurs et les cruautés dont ils s'étaient rendus coupables. C'est pourquoi, lorsqu'ils furent brisés par la volonté de Louis XV, il fut de ceux qui applaudirent à leur chûte provisoire.

Si Voltaire s'érige volontiers en redresseur de torts dans des procès retentissants, il ne faudrait pas s'imaginer que les victimes illustres eussent seules des droits à sa pitié. Les plus obscures obtiennent de lui une sympathie active. A Saint-Omer, une pauvre veuve, nommée Montbailly, vivait avec son fils et sa belle-fille. Un matin de l'an 1770, elle est trouvée morte subitement. On accuse le fils d'avoir tué sa mère, on le juge, on le met à la torture, on lui coupe le poing, on le fait périr sur la roue et l'on jette son corps dans les flammes. Sa femme est condamnée comme complice à subir la même peine; mais elle est enceinte et obtient un sursis. Pendant

FRAGMENT DE LA MINUTE D'UN MÉMOIRE ÉCRIT PAR VOLTAIRE
pour obtenir la rentrée en France du jeune d'Etallondes.

ce temps, les parents sollicitent et crient bien haut que les condamnés ne sont pas coupables. Voltaire entend parler de l'affaire, s'en charge et fait si bien que le Conseil d'Arras casse l'arrêt et pleure sur le « malheur irréparable d'avoir mis à mort un innocent ». Il y a, en ce temps-là, bien d'autres erreurs du même genre, qui fournissent aux philosophes l'argument le plus puissant contre la peine de mort. Voltaire mène alors de front quatre ou cinq affaires de cette espèce. C'est un paysan, nommé Martin, qui a été rompu vif sur la roue comme assassin, quand tout à coup le véritable meurtrier est arrêté et fait des aveux complets. C'est le comte de Lally-Tollendal, ancien gouverneur des Indes françaises, décapité pour crime de haute-trahison, et qui sera un jour solennellement réhabilité! Voltaire, informé de ces tristes méprises, s'arme en guerre, lutte sans relâche et a presque toujours la chance d'obtenir satisfaction.

Là ne s'arrête pas la lutte de Voltaire contre les abus. Dans sa jeunesse, il ne s'occupait guère de politique; mais, dans son âge mûr, il avait compris que pour être homme de lettres, on n'en est pas moins citoyen. Non, ce n'était pas un indifférent, l'homme qui écrira en voyant Turgot arriver au pouvoir : « Nous voilà dans l'âge d'or jusqu'au cou, » et qui, plus tard, baisera la main du ministre disgracié en s'écriant : « Permettez que je baise cette main qui a « signé le bonheur du peuple. »

Toutefois, entre ses deux grands contemporains Montesquieu et Jean-Jacques Rousseau, Voltaire, considéré comme écrivain politique, est quelque peu écrasé. Pour la forme de l'Etat, il ne songe pas à la changer violemment. Né dans un pays qui était monarchique depuis plus de treize siècles, il accepte sans peine la monarchie; il voudrait seulement que le pouvoir du roi fût limité par la nation; il envie les peuples libres qui n'ont d'autres maîtres que les lois. Dans ses lettres sur l'Angleterre, il vante « ce gouvernement sage où le prince, tout puissant pour faire le bien, à les mains liées pour faire le mal ». Il y voit réuni, concilié, « tout ce que la monarchie a d'utile et tout ce qu'une république a de nécessaire ». Voltaire ne s'écarta jamais beaucoup de ses premières sympathies pour la royauté constitutionnelle : pourtant, sous l'influence de la Suisse, un léger changement paraît s'être opéré en lui. En 1765, paraissait un opuscule intitulé : *Idées républicaines par un citoyen de Genève.* Ce soi-disant citoyen de Genève, ce n'était pas Rousseau, mais bien le patriarche de Ferney, qui voulait dire son mot sur les graves questions soulevées par son rival. Là il compare les sujets d'un despote à un troupeau de bœufs qui travaille pour un maître; et, se demandant à son tour quel est le meilleur gouvernement possible, il conclut : « Le plus tolérable est sans doute le républicain, parce que c'est celui qui rapproche le plus les hommes de l'égalité naturelle. »

Voltaire se contente ainsi d'entrevoir la république comme un idéal lointain qu'il n'ose pas inviter à réaliser. Mais s'agit-il de réformes moins périlleuses, il est d'instinct partisan de toutes les libertés.

Liberté des personnes d'abord! Plus d'esclavage, plus de servage! Il apprend qu'à trois ou quatre lieues de chez lui, il existe encore des serfs et que ces malheureux appartiennent aux chanoines de Saint-Claude. Il travaille à les affranchir, et, s'il n'y peut réussir, il achève du moins dans les esprits la ruine de ce débris du moyen âge. Plus de lettres de cachet! Il en a souffert; il veut en délivrer les autres. Un magistrat lui disait un jour qu'on pendait ceux qui en fabriquaient de fausses et Voltaire, jeune alors, de répliquer vivement : « C'est fort bien fait, en attendant qu'on pende ceux qui en fabriquent de vraies. »

Liberté de parler et d'écrire ensuite ! « La liberté de publier ses pensées est, » dit-il, « le droit naturel du citoyen. Il peut se servir de sa plume comme de sa voix. »

Liberté du commerce enfin ! Il veut que le blé puisse circuler sans entraves de province en province ; il rêve même la suppression des douanes entre les Etats et il insinue que ce serait là un des meilleurs moyens de supprimer ce terrible fléau qu'on appelle la guerre. Mais ce qui lui a le plus tenu au cœur, c'est la réforme de la justice. Il est revenu vingt fois sur ce sujet : il demande qu'on ne traite plus l'accusé comme un coupable, qu'on lui donne un défenseur, qu'on l'interroge publiquement, qu'on lui épargne la question préalable et toutes les rigueurs qui ne sont pas nécessaires pour s'assurer de sa personne. Il exige ensuite que les juges s'entourent de toutes les précautions possibles avant de rendre leur sentence et qu'ils soient obligés de motiver leurs arrêts : car il entend bannir tout mystère et rappeler aux magistrats qu'au-dessus d'eux se trouve le grand tribunal de l'opinion publique. En cas de condamnation, arrière ces peines atroces qui étaient trop souvent hors de toute proportion avec la faute commise ! Que la prison assainie ne soit plus un séjour mortel pour les détenus ! Que la confiscation ne vienne plus frapper la famille entière, innocente du mal qu'aura pu faire un de ses membres ! Que tous les supplices destinés à aggraver la peine de mort disparaissent pour jamais et que la peine de mort elle-même soit réservée à ces cas très rares où la société n'a plus d'autre moyen de se protéger que de se défaire d'un scélérat comme d'un chien enragé. Telles sont quelques-unes des réformes que Voltaire réclame avec énergie, avec persistance, et elles répondaient si bien aux mœurs adoucies, que toutes, sans exception, ont passé dans les lois.

Nous ne remarquons plus dans nos codes ces prescrip-

LES CHATIMENTS BARBARES — AMENDE HONORABLE

tions qui nous semblent si naturelles : il y aurait pourtant ingratitude à oublier que Voltaire en a été, sinon le seul, du moins un des plus puissants inspirateurs.

Dans ce combat en faveur des idées nouvelles, Voltaire paye souvent de sa bourse et de sa personne.

Il voit le pays de Gex écrasé d'impôts, ruiné, pillé au nom du roi par les traitants ; il attaque hardiment ces gros financiers, qui regardaient le peuple comme une éponge bonne à pressurer. Une autre fois, pendant une famine, il fait venir à grands frais du blé de Sicile et le distribue fort au-dessous du prix coûtant. Il est aisé de le prendre ainsi en flagrant délit de générosité. Ce sont des réformés qu'à force d'instances il arrache aux galères, des paysans qu'il tire de la prison pour dettes, des familles dont il soustrait les biens à la rapacité des jésuites. Il recueille et marie des jeunes filles pauvres. On avait découvert, à Paris, dans la misère, une petite-nièce de Corneille. Un poète, Lebrun (celui qu'on allait nommer plus tard Lebrun-Pindare), adresse à Voltaire une requête en vers en faveur de la jeune fille. Le patriarche de Ferney se charge aussitôt de son sort et accompagne son offre de ces paroles obligeantes qui doublent le prix d'un bienfait : « Il convient assez, » dit-il, « qu'un vieux soldat du grand Corneille tâche d'être utile à la petite-fille de son général. » Il la fait instruire sous ses yeux très convenablement et même chrétiennement ; il lui donne lui-même des leçons d'orthographe et de style ; il lui fait jouer les pièces du grand homme dont elle a l'honneur de porter le nom. Puis il songe à lui amasser une dot ; il entreprend pour cela un commentaire de Corneille. Il se promet, dès l'abord, de ne dire la vérité que l'encensoir à la main ; mais, avec le goût étroit qui régna dans la critique littéraire pendant tout le XVIIIe siècle, il lui reproche comme des fautes impardonnables l'emploi de tournures vieillies et de nombreuses infractions aux règles. « Je traite Corneille, » disait-il, « tantôt en dieu, tantôt en cheval de carrosse. » Le malheur est qu'il abonde trop dans ce dernier sens, et son commentaire sur Corneille pourrait être intitulé : Commentaire contre Corneille. Il faisait ainsi un mauvais ouvrage, mais une bonne action ; car bientôt il mariait d'une façon très honorable celle qu'il appelait mademoiselle Rodogune et il se réjouissait de voir naître de petits « Cornillons ».

Chose bizarre et qu'il faut pourtant signaler pour bien connaître ce caractère complexe, au moment même où Voltaire n'épargnait ni son temps, ni ses peines, ni son argent pour rendre service à des malheureux, il refusait obstinément au président de Brosses, propriétaire du château de Tournay, le paiement de quelques moules de bois. Il lésinait à outrance pour quelques centaines de francs et finissait même, pour cette grave question, par se fâcher avec un ancien ami. Mais ces singulières inconséquences ne peuvent pas contrebalancer l'ardeur de tolérance et d'humanité qui ne cessa de l'animer jusqu'à son dernier jour. Il eut pitié des faibles, il défendit les opprimés; il se plut à faire autour de lui des heureux, il put se vanter de n'avoir plus laissé de pauvres à Ferney, et, quand ce petit village, devenu, grâce à lui, presque une petite ville sous la Révolution, demanda de prendre le nom de Ferney-Voltaire, il ne faisait qu'acquitter une dette de reconnaissance. Voltaire a bien souvent, en prose et en vers, prêché ce qu'il appelait, non pas la « charité » mais la « bienfaisance ». Il n'aimait pas, en effet, le mot de charité, qui lui semblait comporter quelque chose d'humiliant; il préférait celui de bienfaisance qu'avait créé l'abbé de Saint-Pierre. Il mettait à la fin de ses lettres, comme le bon abbé : « Paradis aux bienfesants. » Il écrivait :

C'est n'être bon à rien que n'être bon qu'à soi.

Il disait encore :

C'est peu d'être équitable; il faut rendre service.

Il a même écrit ces paroles remarquables, à l'article *Religion*, dans son *Dictionnaire philosophique :*

« Si un animal sentant et pensant dans Sirius est né d'un père et d'une mère tendres, qui aient été occupés de son bonheur, il leur doit autant d'amour et de soins que nous en devons ici à nos parents.

« Si quelqu'un dans la voie lactée voit un individu estropié, s'il peut le soulager et s'il ne le fait pas, il est coupable envers tous les globes.

« Le cœur a partout les mêmes devoirs, sur les marches du trône de Dieu, s'il a un trône, et au fond de l'abîme, s'il est un abîme. »

C'est par cette énergie de pitié, par cette chaleur de cœur que Voltaire reste grand en dépit de ses fautes. C'est par là qu'il mérite qu'on lui applique ces paroles chrétiennes qu'un homme peu suspect de partialité envers les philosophes du siècle dernier (c'était Guizot) n'a pas craint d'appliquer à ce siècle si peu chrétien : « Il lui sera beaucoup pardonné, parce qu'il a beaucoup aimé. » Voltaire, sa vie le prouve, ne se bornait pas à de vains mots en faveur de ceux qui souffraient, et il avait le droit de dire à la fin de ses jours :

J'ai fait un peu de bien; c'est mon meilleur ouvrage.

CHAPITRE XI

ENNEMIS ET AMIS DE VOLTAIRE DANS LA DERNIÈRE MOITIÉ DE SA VIE

Nous avons suivi Voltaire dans bien des domaines. Nous l'avons vu aux prises avec les Genevois et Rousseau, avec l'Eglise, avec les parlements. Il s'en faut pourtant de beaucoup que nous ayons parcouru tout le champ de son activité ! On est étonné, effrayé de tout ce qu'il peut faire à la fois dans cette période de la vie, où l'ardeur de la jeunesse s'amortit d'ordinaire. On comprend le titre « d'homme-légion » que lui donne son dernier biographe [1]. Le travail est ce qui le soutient, ce qui le fait vivre. Il a dit, en parlant de la nature,

> Que le travail infatigable
> Est un dieu qui la rajeunit.

On peut en dire autant de lui-même. Il termine son roman de Candide par ce conseil donné à tous les hommes : « Cultivez votre jardin, » et il a pratiqué ce précepte dans le sens le plus large. « Plus j'avance dans la carrière de la vie, » disait-il encore, « et plus je trouve le travail nécessaire. Il de-

1. M. G. Desnoireterres, qui a fait, en huit volumes, une étude de Voltaire aussi complète qu'intéressante.

« vient à la longue le plus grand des plaisirs et tient lieu de « toutes les illusions qu'on a perdues. »

Un excitant dont Voltaire usa toujours fut, comme on sait, le café. Il en prenait nombre de tasses par jour. Mais un autre excitant, qui paraît lui avoir été tout aussi nécessaire, c'était quelque bonne querelle avec un de ces nombreux « gladiateurs de plume » qui infestaient la littérature d'alors. Il semble qu'il ait eu, de temps en temps, besoin de décharger sa bile et de distribuer quelques horions de droite et de gauche. Jamais, du reste, ne lui manqua l'occasion de se livrer à cet exercice salutaire pour lui.

L'objet favori de ses attaques fut, pendant cette dernière partie de sa vie, Jean Fréron. Fréron, rédacteur de l'*Année littéraire*, était critique de profession. Mais il fait parfois penser à la recette que donne Musset pour fabriquer un feuilleton : « Il suffit [1], » dit-il, « d'appuyer son coude sur la table, d'étendre la main et de laisser couler doucement tout ensemble encre, préceptes, doctrines, injures, anachronismes et bévues. » Ce n'était pas un homme de savoir; ce n'était pas non plus un homme de caractère élevé. Le journaliste, obligé, pour faire vivre son journal, de ne toucher à rien de ce qui tient au pouvoir, se retourne contre ceux qui ne sont pas protégés, surtout contre ceux qui sont persécutés. Il se fait l'ennemi des philosophes, et Voltaire n'est pas épargné. Il est déclaré par le critique « sublime dans quelques-uns de ses écrits, rampant dans toutes ses actions ». « On ne peut pas, » disait Diderot, « arracher un cheveu à cet homme sans lui faire jeter les hauts cris. » Fréron eut donc bientôt un terrible adversaire qui devait le poursuivre à outrance. Le journaliste ne laisse passer ni un ouvrage de Voltaire sans lui donner un coup de dent ni un de ses actes

1. Troisième lettre de Dupuis et Cotonnet.

PHYSIONOMIES DE VOLTAIRE

dessinées d'après nature à Ferney par Huber.

sans l'escorter d'une insinuation malveillante. Il ne manquait pas, du reste, d'un certain talent; il savait manier avec assez d'art l'ironie froide et mordante. Mais, quand Voltaire avait pris un homme en grippe, il le frappait de mille façons diverses. Ce fut contre Fréron une pluie permanente de traits envenimés. Dans sa satire du *Pauvre diable,* le malheureux, qui est censé conter son histoire, rencontre dans le cours de ses pérégrinations

> Un écumeur des bourbiers d'Hélicon ;
> Cet animal se nommait Jean Fréron.

Dans la *Pucelle,* Jeanne d'Arc et Dunois, voyant arriver des prisonniers enchaînés, les délivrent, et il se trouve que ce sont des galériens qu'on menait au bagne et dont le chef est Jean Fréron. Puis c'est une sanglante épigramme renouvelée des Grecs :

> Certain jour, au fond d'un vallon.
> Un serpent piqua Jean Fréron.
> Que pensez-vous qu'il arriva ?
> Ce fut le serpent qui creva.

Toutes les armes sont bonnes à Voltaire. Il reprend à son profit l'antique liberté d'Aristophane. Un jour arrive à Paris une comédie qui s'appelle d'abord le *Café* et qui s'appellera plus tard l'*Ecossaise.* Le héros de la pièce est un misérable espion, fripon et folliculaire, qui porte le nom de Frelon et qui aura plus tard celui de Wasp, ce qui signifie la même chose en anglais. On n'a garde de dire tout haut que cette œuvre soit de Voltaire. Elle est, dit Voltaire lui-même, d'un certain M. Hume, et ce n'est, paraît-il, qu'une traduction : il est vrai qu'on ne connaît ni l'auteur ni l'œuvre originale. Fréron feignit d'être dupe des protestations de Voltaire. Il critiqua la pièce en prouvant par mille arguments qu'elle était évidemment d'un jeune homme inexpérimenté, qu'elle ne contenait pas d'esprit, donc qu'elle ne pouvait être de M. Voltaire. La réplique était spirituelle; car, si Voltaire voulait garder l'incognito, c'était à condition d'être reconnu sous le voile transparent dont il se plaisait à se couvrir. La pièce, malgré les critiques de Fréron, fut reçue par les comédiens du roi. Elle fut jouée, et Fréron assista même à la représentation. On l'y vit pâlir et rougir plusieurs fois, et il y avait de quoi. La salle applaudissait aux traits qui le désignaient, lui ou son homonyme, comme un homme sans cœur et sans conscience. Il rendit compte de la soirée dans son journal sous le titre de *Relation d'une grande bataille*, et il montra tout le sénat philosophique se réunissant après la pièce pour chanter, en guise de *Te Deum*, un *Te Voltarium*.

Mais il eut beau dissimuler les blessures qu'il avait reçues, il était accablé sous les coups que lui prodiguait Voltaire. Celui-ci ne laissait passer aucune occasion de le piquer au vif. Il montrait un jour à une personne qui le visitait à Ferney un âne broutant paisiblement dans la cour. « Ne « voyez-vous pas à qui il ressemble? — Non! — Eh! mais, « reconnaissez-le; c'est Jean Fréron. » Et l'interlocuteur de Voltaire était obligé d'avouer, bon gré mal gré, qu'il y avait quelque ressemblance. Plus tard, un libraire, en réimprimant les invectives dont Voltaire n'était jamais avare à l'égard de ses ennemis, fit graver son portrait entre ceux de Fréron et de Labeaumelle, ses deux adversaires les plus acharnés. Le patriarche de Ferney vit là un nouveau texte à railleries, et il écrivait :

Le Jay vient de mettre Voltaire
Entre Labeaumelle et Fréron;
Ce serait vraiment un Calvaire
S'il s'y trouvait un bon larron.

Ce fut ainsi une gnerre sans trêve ni pitié jusqu'au jour où Fréron mourut foudroyé en apprenant que le gouvernement, pour lequel il avait fait tant de bassesses, supprimait son journal.

Mais, dans la vie de Voltaire, quand disparaît un adversaire, un autre prend vite sa place. Au XVIIIe siècle, les querelles littéraires sont d'une fréquence et d'une violence qu'explique l'étouffement de toute vie politique. Voltaire écrivait plaisamment :

> Le Parnasse a bien fait de n'avoir qu'un cheval.
> Si nous en avions deux, ils se mordraient sans doute.

Ce fut bientôt le tour d'un certain Sabatier que Voltaire transformait en Savatier. Puis survient Clément de Dijon, Clément l'inclément, comme l'appelle Voltaire. Celui-ci n'hésite pas. Il appelle le poète-philosophe

> Un charlatan sur des tréteaux monté.

Il prédit que la postérité ne préfèrera pas

> Le clinquant de Voltaire à tout l'or de Racine.

C'était plus qu'il n'en fallait pour faire sortir des gonds l'irritable personnage. Il écrasait ce dernier combattant sous la prose et sous les vers. En vain d'Alembert lui conseille d'épargner des vivants qu'il devrait considérer comme morts, tant ils sont incapables de lui nuire. C'était peine perdue de prêcher la modération à ce caractère qui s'exaltait si aisément, et Voltaire resta, jusqu'à son dernier jour, ce qu'il avait toujours été, le prompt exécuteur de tous ceux qui l'attaquaient, l'impitoyable vengeur de toutes les injures dont il était assailli.

Ces exécutions n'étaient qu'un passe-temps pour Voltaire. Elles ne le détournaient pas de ses autres occupations. Il avait, avant tout, une correspondance immense. Il ne se passait pas de jour où il n'envoyât aux quatre coins de l'Europe quelques-unes de ces lettres qui sont toutes des chefs-d'œuvre de grâce, de naturel et d'esprit. Etre en rapport avec le patriarche de Ferney était un honneur que briguaient alors hommes et femmes, gens de lettres et gens du monde. Il était même des rois qui flattaient, qui courtisaient ce roi d'un nouveau genre et qui lui passaient des libertés dont Louis XV eût été scandalisé.

Parmi ces souverains séduits par le génie, il faut placer d'abord Frédéric II. — Quoi ! après les mésaventures du docteur Akakia et l'équipée de Francfort ? — On a le droit, en effet, d'être surpris au premier abord. On aurait pu croire le roi et le philosophe ennemis pour toujours. Mais ces deux hommes s'estimaient, s'ils ne s'aimaient pas; ils se savaient, en des genres différents, les deux plus grands hommes de leur temps, et ils ne pouvaient pas plus vivre l'un sans l'autre que l'un avec l'autre. Ils étaient d'ailleurs unis par une haine commune, celle de la religion chrétienne. En dépit de tout ce qui les séparait, il y eut ainsi réconciliation entre le poète-philosophe de Sans-Souci et son correcteur ordinaire.

Oh! sans doute, elle ne se fit pas sans peine. Voltaire avait tout d'abord essayé d'obtenir de Frédéric lui-même le châtiment de ses trop zélés serviteurs. Il avait écrit [1] à d'Argens, son frère en Belzébuth : « Je suis plus « frère dolent » que jamais ; il y a cinq mois que je ne suis sorti de ma chambre et je serai « frère mourant », si vous ou « frère Gaillard » ne faites parvenir au roi ce petit mémoire ci-joint. Sérieusement, frère, il me doit quelque justice et quelque compassion. »

1. 3 mars 1754.

Ne trouvant pas de juges à Berlin pour ce qu'il demandait, Voltaire s'était renfermé dans un silence complet. Ce fut alors au tour de Frédéric de faire des avances à son ancien ami. Sa sœur, la margrave de Bayreuth, vint rendre visite à Voltaire, excusa, comme elle put, les violences qu'il avait subies, et bientôt des lettres commencèrent à circuler entre Potsdam et Ferney.

Singulière correspondance! Voltaire, qui n'a rien oublié, a pour refrain la pendaison du sieur Freytag et de son acolyte, le conseiller Schmid. Au milieu de paroles aimables éclate tout à coup un mot aigre, une allusion piquante : les caresses et les coups de griffe s'entremêlent à chaque instant. Voltaire, à cette époque, avait un singe qu'il appelait Luc : or, Luc est aussi le nom que, dans ses lettres intimes, il donne au roi de Prusse. Quelqu'un s'étonnait devant lui de cette appellation plus que familière : « Eh ! ne voyez-vous pas, » s'écriait-il, « que mon singe mord tout le monde? »

Frédéric, de son côté, oscille de la même façon entre ses rancunes et son goût pour l'esprit de Voltaire! Tantôt il l'accable de compliments et de procédés obligeants; tantôt il le rappelle au respect dû à la majesté royale ou lui jette à la face un éloge de son adversaire d'autrefois, Maupertuis. Ce sont alors des bouderies, des colères, de longs intervalles de silence, vraies querelles d'amoureux qui finissent toujours par des raccommodements. Malgré tout, leurs relations intermittentes continuent. La guerre de Sept Ans qui mit la France aux prises avec la Prusse, loin de les rendre plus rares, allait les rendre au contraire plus fréquentes.

Il faut se garder pour juger le passé de se mettre au point de vue du présent. Une guerre avec une puissance allemande n'était pas alors pour la France ce qu'elle serait aujourd'hui. On eût vainement cherché parmi les Français ombre de haine nationale contre la Prusse. La nation, qui n'était pas appelée à décider la guerre, n'y portait qu'un intérêt très faible. Il n'y avait pas de patriotisme, parce qu'il y avait à peine une patrie. Le roi absorbant tout, il semblait qu'il n'y eût en jeu que l'honneur et les armées du roi. Les Français étaient parfois les premiers à rire des succès de leurs ennemis et ils saluaient d'épigrammes fort gaies les défaites de leurs propres généraux. On a retenu celle qui courut Paris après la bataille de Rosbach. Le prince de Soubise s'était laissé surprendre et battre honteusement; or voici comme on contait la chose :

> Soubise dit, la lanterne à la main :
> « J'ai beau chercher; où, diable! est mon armée?
> Elle était là pourtant hier matin.
> Me l'a-t-on prise ou l'aurais-je égarée ?
> Ah! je perds tout, je suis un étourdi... etc. »

Il n'est pas jusqu'au roi qui, faisant allusion au dicton proverbial « battu et content », n'ait dit, en parlant de son général vaincu : « Ce pauvre Soubise, il ne lui manque plus que d'être content! »

Voltaire ne fut pas plus patriote que Louis XV pendant cette guerre de sept ans. Il vit d'abord avec satisfaction l'embarras de Frédéric ; il se croyait déjà vengé; il escomptait le plaisir qu'il aurait à apprendre que le cher Freytag venait d'être pendu ; il voulait même prendre part à la guerre du fond de sa retraite ; il proposait avec un sérieux comique d'employer contre le roi de Prusse ces chars armés de faux qui avaient jadis servi en Asie, et il était tout fier de cette invention renouvelée des Assyriens.

Ce qui excite à ce moment sa colère et sa raillerie, c'est le rôle bizarre que joue Frédéric. Attaqué par la France et l'Autriche, soutenu par l'Angleterre, il semble le défenseur

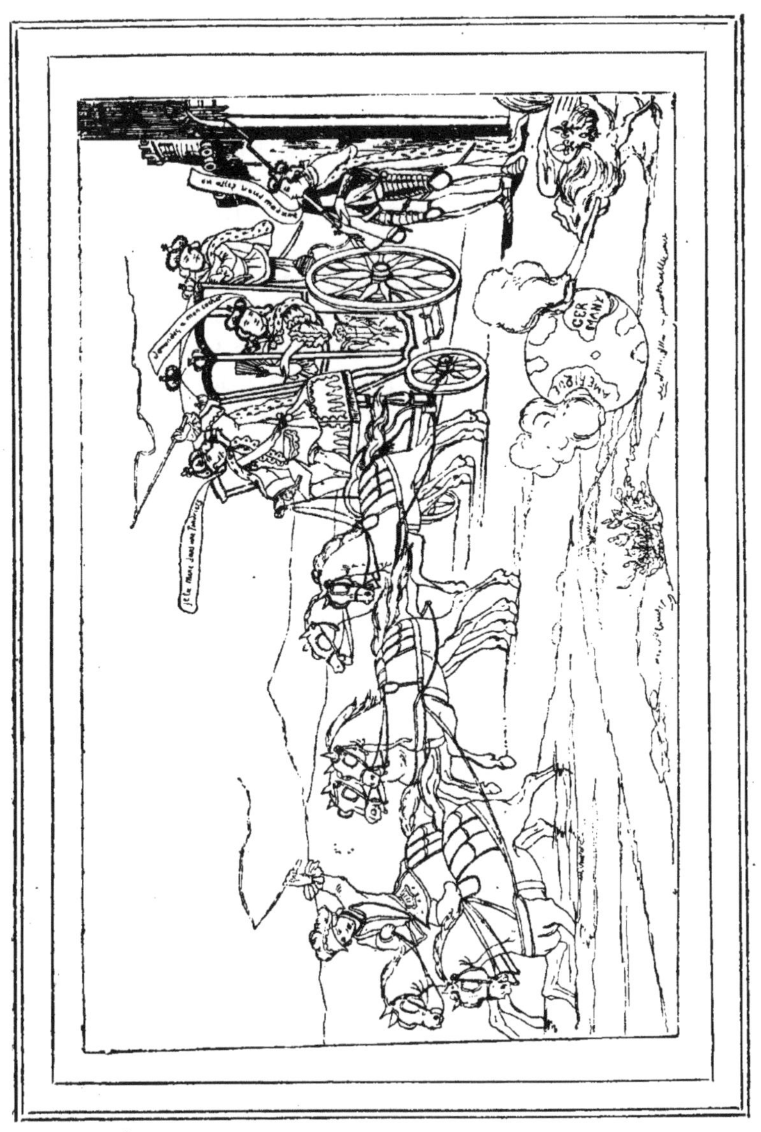

CARICATURE SUR LA GUERRE DE SEPT ANS

Louis XV et Marie-Thérèse s'engageant dans une fondrière (1757).

des protestants contre les catholiques. Un puritain anglais écrit ces paroles en apprenant la victoire du prince à Leuthen : « Le Seigneur poussa le roi de Prusse et ses soldats à prier. Ils jeûnèrent trois jours et passèrent une heure à prier et à chanter les psaumes, avant d'attaquer, l'ennemi. Oh ! qu'il est bon de prier et de combattre! » Le roi des incrédules se trouvait ainsi métamorphosé en nouveau Josué, en favori du Dieu d'Israël et de Juda ! Il ne se faisait pas faute d'en rire dans l'intimité. A l'un de ses lecteurs, qui lui parlait naïvement de la protection que la Providence étendait sur sa personne royale, il répliquait avec gaieté : « Eh ! croyez-vous de bonne foi que le ciel se mêle des querelles, des débats et des carnages qu'ont ou que font des polissons comme nous? » Il aimait bien mieux, comme il l'écrivait, se recommander à « Sa Sacrée Majesté le Hasard ». — « Que les théologiens, » disait-il encore, « viennent nous faire des contes des soins que prend la Providence pour placer à la tête des Etats des gens éclairés!..... Quand j'examine la conduite des Français, j'ai toujours envie de faire un ouvrage intitulé : *Du mépris de Dieu pour la créature.* » Telle était bien la conviction de Frédéric ; mais il était dans une situation critique et trouvait bons tous les moyens qui pouvaient l'en tirer ; il se résignait à passer pour le rempart du protestantisme; il laissait d'Argens prendre le nom et le style d'un pasteur pour le représenter comme l'unique espoir de la foi réformée. Il ordonnait des actions de grâces après chaque victoire. C'était ce qu'il appelait « se servir de l'ancienne machine de la religion ». Frédéric s'était assez souvent moqué des actes de dévotion, que Voltaire croyait utile de commettre de temps en temps, pour que Voltaire ne manquât pas l'occasion de lui rendre sarcasmes pour sarcasmes; aussi celui-ci, écrivait-il à ce propos, à une comtesse allemande : « Que dites-vous de Salomon, qui, étant à Dresde dans le palais du roi de Pologne, se montrait à la fenêtre, ayant à ses côtés deux gros ministres luthériens? Le peuple criait : « Vivat! Ah! le saint roi! »

Voltaire se moque, mais la pitié lui vient bientôt. Il n'a jamais aimé la guerre; il avait le plus profond mépris pour ces luttes où des millions d'hommes s'entretuaient sans savoir seulement pourquoi.

« On voit à la fois, » écrit-il, « cinq ou six puissances belligérantes, tantôt trois contre trois, tantôt deux contre quatre, tantôt une contre cinq, se détestant également les unes les autres, s'unissant et s'attaquant tour à tour; toutes d'accord en un seul point, celui de se faire tout le mal possible.

« Le merveilleux de cette entreprise infernale, c'est que chaque chef de meurtriers fait bénir ses drapeaux et invoque Dieu solennellement avant d'aller exterminer son prochain. Si un chef n'a eu que le bonheur de faire égorger deux ou trois mille hommes, il n'en remercie point Dieu; mais lorsqu'il y en a eu environ dix mille d'exterminés par le feu et par le fer et que, pour comble de grâce, quelque ville a été détruite de fond en comble, alors on chante à quatre parties une chanson assez longue, composée dans une langue inconnue à tous ceux qui ont combattu et, de plus, toute farcie de barbarismes [1]. La même chanson sert pour les mariages et pour les naissances, ainsi que pour les meurtres; ce qui n'est pas pardonnable, surtout dans la nation la plus renommée pour ses chansons nouvelles. »

Le tableau est encore vrai; il l'était peut-être davantage au siècle dernier, à l'époque de ces interminables guerres de succession où les princes engageaient leurs peuples, sans dai-

1. Te Deum.

gner même les consulter. Voltaire, comme Montesquieu, comme tous les philosophes de son temps, songeait autant aux intérêts de l'humanité qu'à ceux de la patrie. Aussi n'est-il pas étonnant de le voir intervenir pour faire cesser un fléau qui lui semble, avec raison, un reste de barbarie. Il ne compte pas trop sur Frédéric pour renoncer aux prestiges de la gloire militaire. Il sait que le roi de Prusse aime les fanfares et les émotions de la bataille. Frédéric disait un jour à l'un de ses généraux que, s'il était vaincu et détrôné, il se ferait médecin : « Toujours assassin, » répondit l'autre. C'est à peu près l'avis de Voltaire sur les velléités pacifiques qui passent dans l'esprit de Frédéric en ses jours de détresse. Le roi lui enverra plus tard une épître où il lui annonce l'intention, s'il parvient à obtenir la paix,

De borner ses faibles mérites
Aux soins de secourir la veuve et l'orphelin.

« Pouf! pouf! » dit Voltaire en le lisant. « Il fait tant qu'il peut des uns et des autres. Belle manière de les secourir ! »

Cependant un moment vient où le roi de Prusse est près de succomber. Il ne songe plus qu'à bien mourir. Il porte suspendue à son cou une petite boîte d'or qui contient dix-huit pilules d'opium. Il dit à qui veut l'entendre qu'il y a là de quoi donner un dénouement à la tragédie. Il le dit en prose; il le répète en vers. La littérature occupe une place singulière dans cette guerre de Sept Ans. Elle a sa part au début : n'est-ce pas, en partie, pour des épigrammes caustiques échappées à Frédéric que se forme contre lui une triple alliance féminine? Ces préoccupations littéraires n'abandonnent pas le roi dans les plus grands périls. Vainqueur ou vaincu, il faut qu'il rime, et il envoie, tantôt à d'Argens, tantôt à Voltaire, quelque pièce de vers, qui fait souvent plus d'honneur à l'homme qu'au poète. Voltaire est ainsi averti du projet de suicide qui est la dernière ressource du conquérant aux abois. Il a beau se ressouvenir de Francfort, il est ému cette fois; il s'efforce de combattre une résolution désespérée; mais ses paroles sont vaines, et il n'obtient en réponse qu'une nouvelle épître où la fermeté de Frédéric a passé jusque dans son style. C'est la pièce qui se termine par ces trois vers connus et dignes de l'être :

Pour moi, menacé du naufrage,
Je veux, en affrontant l'orage,
Penser, vivre et mourir en roi.

Voltaire ne se décourage pourtant pas. Il revient à la charge; il ne craint pas de s'entremettre et de se compromettre; il essaie de servir d'intermédiaire entre les belligérants; il s'érige en diplomate; il se donne la mission de rétablir la paix; il fait des tentatives à demi-heureuses près de la cour de Versailles. Un événement inattendu rendit ses négociations superflues. Survint la bataille de Rosbach, une défaite sans combat pour les troupes du roi de France. Frédéric était sauvé. Sa joie éclate en cris d'allégresse. Il rimaille aussitôt quelques mauvais vers qui s'en iront bientôt à Ferney, et Voltaire de répondre sur le même ton, de railler lui aussi la retraite par trop prompte des « blanc-poudrés », comme il nomme les soldats français. Voltaire avait été chambellan du roi de Prusse, s'il était gentilhomme de la chambre du roi de France. Il se rappelait tour à tour l'un ou l'autre de ces deux titres. Il était par là même dans une situation fausse, et l'on pourrait, dans ses lettres de la même époque, trouver des passages qui le rangent à la fois dans les deux camps opposés. Le même homme, qui se moque en vers des fuyards de Rosbach, écrivait en prose : « J'ai en France mon bien et mon cœur. »

Partagé de la sorte entre les deux souverains qu'il a servis, Voltaire se trouve toujours, bon gré mal gré, mêlé à leur querelle. Frédéric ne cesse de lui écrire. Il a soif d'esprit; il attend avec impatience les lettres qui lui viennent de Ferney et se hâte d'y répondre. Quand il en reçoit une, il s'écrie enthousiasmé : « Voltaire écrit comme les anges....; pour avoir bien vite une nouvelle lettre de cet homme unique, je vais lui faire ma réponse. » Une chose vient encore les rapprocher. La sœur de Frédéric meurt; Voltaire la chante dans une ode funèbre, et le roi pleure en la lisant. « Tout ce qui vient de lui m'est bien cher, » dira-t-il alors, et il relira jusqu'à trois fois *Candide* qui vient de paraître.

La réconciliation est bien près d'être complète, et, par surcroît, il se trouve que la cause de Frédéric devient un moment celle des philosophes français. C'est là un des côtés les plus curieux et les moins connus de la guerre de Sept Ans. La cour de Versailles poursuit dans le roi de Prusse le patron des libres-penseurs, et elle le frappe sur leurs épaules. Elle condamne les œuvres de Voltaire et de d'Argens, ses protégés et ses chambellans; elle suspend l'Encyclopédie; elle menace de brûler les écrits de d'Alembert, un autre ami et correspondant de Frédéric. Celui-ci console, comme il peut, ceux qui paient ainsi pour lui. Il écrit à Voltaire : « Admirez comme l'amour-propre se flatte; je tire une espèce de gloire que la même époque de la guerre que la France me fait devienne le temps de celle qu'on fait à Paris au bon sens. » Les partisans des idées nouvelles étaient ainsi traités en alliés du roi de Prusse : qu'on s'étonne après cela, s'ils avaient de la sympathie pour lui et si les défaites des armées françaises ne les touchaient que médiocrement.

Des épisodes tragi-comiques se rattachent aux rapports secrets qui unissent alors Frédéric et le parti philosophique. Le philosophe de Sans-Souci apprend tout à coup qu'on vient de publier ses œuvres jusqu'alors inédites. Grand est son émoi : car elles contiennent assez d'épigrammes pour exaspérer la moitié des souverains d'Europe, assez de railleries hardies pour tourner contre lui catholiques et protestants. Et, en effet, elles n'ont pas plus tôt paru qu'elles suscitent, non pas seulement la réprobation de la cour de Rome, mais quantité de critiques et de répliques parties du milieu des réformés. Frédéric se demande quel est l'auteur de cette publication intempestive ; il cherche qui a pu donner copie de ses manuscrits ; il songe un instant à Voltaire, mais il se ravise à l'instant : « Non, » s'écrie-t-il, « Voltaire ne peut être l'auteur de cette infamie. » Frédéric avait raison ; on a découvert de nos jours le mot de l'énigme et l'on a su ainsi que c'était le premier ministre du roi de France, M. de Choiseul, qui s'était fait, de son autorité privée, l'éditeur du roi de Prusse.

Ce n'est pas la dernière fois que la littérature sert d'arme dans les interminables démêlés qui couvrent alors l'Europe de sang et de ruines. Un jour Voltaire reçoit décacheté un paquet qui lui est adressé par Frédéric II. C'était chose grave à une époque où le secret des lettres n'était guère respecté. C'était chose grave surtout, parce que le paquet contenait des vers satiriques où Louis XV n'était pas épargné. Chose plus grave encore ! La favorite, madame de Pompadour, y était malmenée d'une main brutale : car la galanterie n'avait jamais été le faible de Frédéric. Voltaire fut épouvanté. Il craignit d'être forcé de dire à la France un éternel adieu, si l'on savait en haut lieu quels vers il recevait. Il se dit qu'il n'avait plus de secret à garder, puisque sa correspondance avait été violée et lue sans doute avant de lui parvenir. Il alla consulter le Résident de France à Genève, et, sur son avis, il fit passer tout le paquet au ministre. Choiseul jugea que le meilleur était de payer l'auteur de la satire en même monnaie ; à poète, poète et demi ! Il fit appel à la verve venimeuse d'un homme de lettres à gages, de celui même qui allait lancer, quelques mois plus tard, sa comédie *des Philosophes* contre les rédacteurs et les amis de l'Encyclopédie. Palissot ramassa tout ce qu'il avait de fiel, tout ce que lui fournissait la chronique scandaleuse, et il composa une ode où il peignait au vif les petitesses de Frédéric le Grand. Il s'agissait de la faire parvenir à son adresse. Le lecteur du roi de Prusse, Lecatt, reçut, un jour de l'an 1760, une grande lettre accompagnée d'un billet ainsi conçu : « Voici, monsieur, une lettre pour Sa Majesté ; ayez la bonté de la remettre sans perdre de temps ; elle est importante. Sa Majesté saura par d'autres canaux que cette lettre vous a été envoyée. » L'honnête Lecatt remplit aussitôt la commission dont il est chargé ; il voit le roi pâlir, rougir, froncer le sourcil : « Quelle f..... lettre m'apportez-vous là ! » s'écrie-t-il enfin. Il la déchire en morceaux qu'il remet dans la main du lecteur abasourdi, en ajoutant : « Ne m'apportez plus jamais de pareilles infamies. » Le pauvre Lecatt ne sut ce dont il s'agissait qu'en recollant les morceaux de la maudite lettre : elle contenait, on le devine, les vers de Palissot. Frédéric se le tint pour dit. Il comprit que, sur le terrain poétique, il était trop facile à vaincre ; il se résigna à ne pas publier ses élucubrations satiriques, de peur qu'on ne lui rendît coup pour coup. Mais, chose triste à dire pour les peuples dont le sang coulait à flots, cet échange de railleries et d'insultes entre Versailles et Potsdam recula longtemps encore les conclusions d'une paix pourtant désirée de toutes parts avec passion.

Il faut répéter, à l'honneur de Voltaire, qu'il travailla de tout son pouvoir à mettre un terme à cette guerre qui s'éternisait sans profit pour personne. Il sert une seconde fois d'intermédiaire entre le premier ministre français et le roi de Prusse. Cette seconde négociation est des plus singulières. Pour dépister les indiscrets, il use d'un chiffre sous lequel on ne devinerait pas les grands personnages et les grands intérêts qui sont en jeu. Dans ses lettres à M. de Choiseul, il parle sans cesse d'un cousin de mademoiselle Pertriset, d'un banquier récalcitrant avec lequel on ne parvient pas à s'accommoder. C'est Frédéric II qu'il faut aller chercher sous ces divers sobriquets. Voltaire eut le regret d'échouer encore dans sa tentative et ce fut peut-être un malheur pour la France qui, en se montrant trop exigeante, obligea Frédéric de sauver sa couronne à force de courage et de victoires.

Quand le roi fut sorti épuisé, mais rayonnant de gloire, de la lutte héroïque qu'il avait soutenue, il ne perdit pas la mémoire des bons offices que son ancien chambellan avait essayé de lui rendre. Seul, morose, ne trouvant plus à Sans-Souci que le souvenir des beaux jours passés, il a plus que jamais besoin de quelqu'un qui l'amuse, l'excite, lui rende un peu de jeunesse et de gaieté. Il est tout à fait reconquis par l'activité merveilleuse du patriarche. Il s'extasie sur la verdeur et l'aménité de sa vieillesse ; il admire sa campagne contre l'infâme ; dans un petit écrit, il le transfigure en ange de lumière prenant d'assaut et renversant la cité de la nuit, de l'ignorance et de la superstition. Il y a bien encore entre eux quelque bouderie de temps en temps. Mais Voltaire pourra dire sans mentir, sur la fin de sa vie : « Ce prince m'écrit tous les quinze jours; il fait tout ce que je veux. » Quand les gens de lettres français décidèrent d'élever une statue à Voltaire encore vivant, d'Alembert demanda au roi de Prusse s'il ne voulait pas contribuer à cette œuvre, et Frédéric s'empressait de répondre qu'il ne pouvait s'y refuser sans ingratitude. Il offrit la somme qu'on voudrait ; mais d'Alembert lui répondait : « Tout ce que nous demandons, sire, c'est un écu et votre nom. »

Ainsi finissaient par un beau coucher de soleil, après l'orage, les relations si fort tourmentées du plus grand capitaine et du plus grand écrivain du XVIIIe siècle.

Voltaire avait dans son jeu plus d'une tête couronnée : il se vantait d'avoir brelan de rois et brelan carré encore. C'était d'abord Stanislas, un roi sans royaume, un souverain en miniature. C'était ensuite le roi de Danemark, Christian VII, qui lui adressait les paroles les plus flatteuses, et recevait ces vers de Ferney après avoir décrété dans ses Etats la liberté de la presse :

> Monarque vertueux, quoique né despotique,
> Crois-tu régner sur moi de ton golfe Baltique?
> Suis-je un de tes sujets pour me traiter comme eux,
> Pour consoler ma vie et pour me rendre heureux?

Dans la même épître, Voltaire disait :

> Je suis fort satisfait de l'auguste amazone
> Qui, du gros Moustapha, vient d'ébranler le trône.

Cette amazone, qu'il traitait ainsi sans façon, c'était l'impératrice de Russie, Catherine II. Il l'appelait ailleurs la Sémiramis, la Minerve du Nord, et, dans cette éternelle question d'Orient, qui faisait déjà couler beaucoup d'encre et beaucoup de sang, il n'était pas embarrassé de prendre parti; il se déclarait contre les Turcs, rêvait déjà une résurrection de la Grèce, et se proclamait « catherinier ». C'est qu'aussi Catherine, ou, comme il disait familièrement, « sa *Cateau* », était une princesse philosophe, ni prude, ni dévote; elle avait voulu choisir d'Alembert pour précepteur de son fils; elle avait tiré Diderot des embarras d'argent qui le forçaient à vendre sa bibliothèque pour doter sa fille, et, quand celui-ci vint la remercier à Saint-Pétersbourg, elle lui permit une liberté de langage qui n'était pas chose commune à la

1729 — CATHERINE II — 1796

cour de Russie. La grande Catherine avait bien sur la conscience quelques actes d'une moralité plus que douteuse. Elle n'était pas un modèle de chasteté. Elle s'était, dès son avénement au trône, débarrassée de son mari d'une façon quelque peu brutale; elle l'avait fait étrangler! Mais, bah! vétilles, bagatelles que tout cela! Voltaire, avec une légèreté que tous ses amis ne lui pardonnaient pas, plaisantait sur ce qu'il appelait des démêlés de famille. Il applaudit encore plus tard, quand les troupes russes entrèrent en Pologne et commencèrent l'agonie et le démembrement de ce pauvre pays. Catherine avait agi de telle façon que ses adversaires paraissaient les défenseurs de l'intolérance religieuse et c'en était assez pour qu'elle eût l'approbation des philosophes. D'ailleurs, elle ne négligeait rien pour l'obtenir. Ce fut elle qui flatta Voltaire, qui le courtisa, qui le subjugua à force de caresses. Elle jouait ses pièces, elle lui en demandait pour l'éducation des jeunes filles nobles qu'elle faisait élever sous ses yeux; elle lui envoyait une magnifique pelisse garnie de fourrures. Le philosophe, gagné par ces procédés, n'était pas avare d'éloges et il écrivait ce vers célèbre :

C'est du Nord aujourd'hui que nous vient la lumière.

Il était en rapports avec d'autres souverains encore. C'était le roi de Suède, Gustave III. Ce fut un moment l'archiduchesse d'Autriche « roi de Hongrie », Marie-Thérèse. On peut passer sous silence un menu fretin de princes et de princesses, de ducs et de duchesses, qui, de France et d'Allemagne surtout, entretenaient avec lui un commerce de flatteries. Il y avait là, pourtant, un symptôme grave, une preuve irrécusable d'un grand changement qui se produisait en Europe. Les rois respectaient en Voltaire, non pas seulement un grand homme, mais le représentant d'une puissance nouvelle qui se dressait en face d'eux, je veux dire l'opinion publique.

Ainsi que les lettres, les visites pleuvaient de toutes parts à Ferney. Ce sont, à chaque instant, des amis ou des curieux. Tout ce qui a quelque célébrité dans l'art et dans les lettres y passe tour à tour. Femmes du grand monde, bourgeoises et actrices, Français, Italiens, Anglais, Suisses, se rencontrent à sa table. Si l'on voulait citer les noms les plus marquants, on ferait déjà une liste bien longue. Nommons seulement madame d'Epinay et madame de Genlis, toutes deux femmes auteurs et femmes aimables; Florian, que Voltaire a baptisé Florianet; La Harpe, qui sera dans la critique le fidèle écho de son maître; Jean de Müller, le futur historien de la Suisse, qui tient, comme tant d'autres, à lui apporter son tribut d'admiration. Tous étaient reçus avec l'hospitalité la plus cordiale et la plus magnifique. Voltaire, « toujours allant et toujours souffrant, » essayait bien de temps en temps de se dérober à la foule de ses admirateurs. Il laissait faire les honneurs de la maison par sa nièce, madame Denis, bonne grosse femme, qui, en sa qualité de nièce de Voltaire, s'était crue obligée un instant d'ébaucher des comédies, mais qui, guérie de la maladie du bel esprit, se contentait de jouer les pièces des autres, de diriger tout l'entourage de son oncle et son oncle lui-même. Pendant ce temps, Voltaire restait enfermé dans sa chambre, on le disait à l'agonie; s'il paraissait un moment, c'était avec des béquilles, en bonnet de nuit. Mais, qu'un caprice de gaieté lui passât par l'esprit, qu'un des assistants sût l'intéresser ou l'exciter, adieu maladie, bonnet de nuit, béquilles; Voltaire redevenait ce qu'il était naturellement, un causeur éblouissant; il tirait, sans y songer, un feu d'artifice en l'honneur de ses hôtes; il ne les laissait partir qu'émerveillés de cette vivacité à laquelle l'âge ne pouvait rien. Mais le patriarche ne donnait pas ces fêtes au premier venu. Il lui arrivait d'être excédé d'importunités et il a

LES ÉTRANGERS A FERNEY. VIVANT DENON CHEZ VOLTAIRE
Autour de Voltaire sont Vivant Denon, Madame Denis, le père Adam et la servante Agathe.

lancé plus d'une boutade contre ces fâcheux qui venaient s'établir chez lui sans façon. « Ils sont, » disait-il, « le contraire de Don Quichotte, qui prenait des hôtelleries pour des châteaux! » Ou bien il s'écriait plaisamment . « Mon Dieu! délivrez-moi de mes amis! Quant à mes ennemis, je m'en charge! » Un jour vint à Ferney un touriste anglais qui voulait le voir à tout prix; du reste, pas d'autre titre à être admis, sinon qu'il le désirait fort. « Dites que je suis malade, » répond Voltaire. L'Anglais insiste. « Dites que je suis à l'agonie. » L'Anglais ne démord pas de sa demande. « Dites que je suis mort. » L'Anglais réclame l'honneur de voir le cadavre d'un si grand homme. « Eh bien! dites que le diable m'a emporté. » La victoire resta cette fois à Voltaire.

Le patriarche avait raison de disputer son temps à ceux qui voulaient en obtenir une parcelle. Il savait trop bien l'employer pour n'en pas connaître le prix. Il ne cessait, en effet, de composer tragédies, comédies.

Il écrivait, écrivait, écrivait.

Il eut beau, sur ses vieux jours, faire mainte et mainte fois ses adieux à la Muse; la Muse ne voulait pas le quitter et venait lui murmurer à l'oreille des vers qu'il fallait bien écrire sous sa dictée. Il rime jusqu'à la fin, presque sans y penser, et, chose bien rare! de tous les vers qu'il a faits, ce sont peut-être les derniers-nés de sa verte vieillesse qui ont le plus de grâce et d'aisance. Il disait :

L'âme est un feu qu'il faut nourrir
Et qui s'éteint, s'il ne s'augmente.

Aussi le vit-on octogénaire lutter de gaîté avec les plus jeunes et leur répondre sur le même ton, quand ils lui adressaient quelque épître badine. Stances légères et pour ainsi dire ailées, satires plus acérées qu'une épée, petits pamphlets gros de conséquences et d'orages, s'envolaient à chaque instant de sa retraite et ne permettaient pas à la France d'oublier un instant cet homme si actif qui, depuis plus d'un demi-siècle, ne cessait de la remplir du bruit de sa renommée.

CHAPITRE XII

DERNIER VOYAGE DE VOLTAIRE A PARIS. SON TRIOMPHE, SA MORT

En 1774, quand Louis XV termina ses débauches et son règne, Voltaire jouissait d'une gloire dont rien ne peut nous donner une idée aujourd'hui. Il avait enterré peu à peu tous ses ennemis, Piron, Labeaumelle, Fréron ; il était l'idole de la génération nouvelle ; il lui avait inculqué ses idées ; il avait, parmi la jeunesse, ses séides, ses dévots, ses partisans fanatiques. A Paris surtout, tous ceux qui ne pouvaient venir à Ferney (et c'était le grand nombre) brûlaient de le voir au moins une fois. Voltaire, de son côté, ne pensait jamais à Paris sans un soupir. Il avait, bien des fois, projeté d'y reparaître : mais toujours était venu de la cour, sinon une défense formelle, du moins un avertissement qu'on le verrait avec déplaisir. Louis XV disparu, Voltaire se reprit à espérer. Le nouveau roi, célébré par lui sous le nom de Sésostris, inspirait à la nation les illusions les plus favorables. Il avait chassé les ministres corrompus de son prédécesseur ; il s'était, comme on l'a dit, barricadé d'honnêtes gens ; il avait appelé aux affaires des hommes imbus des idées nouvelles, Malesherbes et Turgot. C'était comme l'avénement de la philosophie au pouvoir. On put croire un instant que la Révolution imminente allait se faire à coups de décrets, que la métamorphose déjà opérée dans les esprits allait s'accomplir pacifiquement dans l'État. Mais, avec de bonnes intentions, Louis XVI n'avait ni la force de volonté ni les lumières nécessaires pour les réaliser. « Il n'y a que vous et moi qui aimions le peuple, » disait-il à Turgot, et, quelques jours après, il renvoyait Turgot. « Ce coup de foudre, » écrivait Voltaire, « m'est tombé sur la cervelle et sur le cœur » ; et il adressait au ministre disgracié son *Epître à un homme.*

Ainsi avortaient les réformes, ainsi se précipitait vers l'abîme la royauté. Mais si ceux qui avaient intérêt à ce que rien ne changeât étaient encore assez forts pour entraver l'élan de ceux qui voulaient marcher en avant, le despotisme cru, brutal, n'était déjà plus possible. Il fallait que le pouvoir royal comptât avec la nation ; il n'osait plus braver en face l'opinion publique, dont la force grandissait chaque jour. Il se voyait débordé par la génération nouvelle qui l'entraînait comme une marée montante. Il avait dû, pour lui complaire, faire bon gré mal gré la guerre, afin d'aider une république indépendante à s'élever sur le sol américain. Il était gagné lui-même par l'enthousiasme qui échauffait les cœurs; il cédait au mouvement qui emportait tous les esprits vers un avenir inconnu. Les premières années du règne de Louis XVI furent, en effet, marquées par un essor magnifique dans tous les sens; ivresse de la raison brisant toutes barrières, pas de géants faits par les sciences physiques et naturelles, ardentes revendications de la liberté, foi inébranlable dans le progrès et le bonheur futur du genre humain, tels sont les principaux traits d'une époque qui sentait vaguement naître pour la France une ère nouvelle. Il faut bien se représenter ce milieu fiévreux et passionné pour comprendre l'accueil que Voltaire allait recevoir à Paris, où le roi n'osa pas lui défendre de rentrer.

Il fallait à Voltaire un prétexte. Or il venait de composer

une nouvelle tragédie intitulée *Irène*. Il voulait, disait-il, en surveiller sur place les répétitions. Telle fut la raison qu'il donna, mais, en réalité, c'était un rêve longtemps caressé qu'il mettait à exécution. En vain pouvait-il craindre que ses quatre-vingt-quatre ans eussent quelque peine à supporter le voyage : car, en ce temps-là, ce n'était pas mince affaire d'aller de Genève à Paris. Il fut vite décidé. Son médecin, Tronchin, s'est plus tard raillé de ce vieillard qui allait exposer sa santé pour « un peu de fumée »; il semble ne voir en Voltaire qu'une folle vanité, friande des triomphes qu'elle prévoyait. C'est être bien sévère; il était d'abord assez naturel que Voltaire désirât jouir d'une gloire bien gagnée; puis il ne faut pas s'imaginer que le mal du pays se fasse seulement sentir à ceux dont les premières années se sont écoulées au sein des montagnes; Paris est aussi une patrie, qui retient les cœurs par mille liens d'un genre différent, mais non moins forts, et l'on comprend sans peine que Voltaire ait voulu, avant de mourir, réveiller les joyeux souvenirs de sa jeunesse.

Il se mit en route le 4 février 1778. Toute la petite colonie de Ferney vint assister au départ; plusieurs pleuraient, quoique Voltaire promît de revenir. Ces bonnes gens, dont il était le bienfaiteur, avaient le triste pressentiment qu'il partait pour jamais. Le voyage put lui donner déjà un avant-goût du triomphe qui l'attendait à Paris. Un maître de poste s'écrie en le recommandant à son postillon : « Va bon train, crève mes chevaux, je m'en moque (il se servit, dit-on, d'un mot moins académique), tu mènes M. de Voltaire. » A Dijon, c'est une sérénade qu'on donne en son honneur, et de jeunes enthousiastes, qui tiennent à le voir à tout prix, se déguisent en garçons d'hôtel pour l'approcher et le servir. Enfin, le voici à Paris. Il descend dans l'hôtel de la marquise de Villette, une jeune femme qu'il avait jadis recueillie et mariée et qu'il désigne toujours sous le nom de « Bonne et Belle ». Aussitôt la maison est assiégée, envahie. Tout Paris accourt chez lui. L'Académie, la Comédie française l'envoient solennellement féliciter : ce sont des honneurs qu'on rendait à peine aux souverains. La cour cède à l'entraînement général : madame du Barry, la dernière favorite de Louis XV, vient le voir; les princes du sang, les ducs, les comtes se présentent chez lui; la reine Marie-Antoinette eût voulu le recevoir à Versailles et sacrifie ce plaisir avec peine aux mauvaises dispositions du roi, jaloux de cette espèce de royauté rivale. On ne s'occupe que de lui, on ne parle que de lui. Du moins il n'est qu'un homme qui partage alors avec Voltaire l'honneur de mettre Paris en émoi : c'est un vieillard aussi, c'est Franklin, le vainqueur de la foudre et des tyrans, l'un des fondateurs de l'indépendance américaine. Une femme d'esprit de ce temps-là, madame d'Epinay, écrivait à l'un de ses amis : « Dès qu'ils paraissent, soit aux spectacles, soit aux promenades, aux Académies, les cris, les battements de mains ne finissent plus. Les princes paraissent : pas de nouvelles. Voltaire éternue; Franklin dit : Dieu vous bénisse, et le train recommence. »

Les deux vieillards se rencontrèrent plus d'une fois et s'embrassèrent en pleurant. Franklin pria le patriarche de Ferney de bénir son petit-fils : « Dieu et liberté, » répondit Voltaire en anglais. Scène étrange, sans doute; mais n'était-ce pas la preuve d'une révolution accomplie dans les mœurs?

Voltaire, dans l'enivrement de la joie, est comme rajeuni. Il étonne ses vieux amis par la verdeur de sa vieillesse; il ravit ceux qui ne l'ont jamais vu par la vivacité de ses reparties. Qu'il fasse ou reçoive des visites, il sait trouver pour chacun un mot ingénieux, une allusion aimable. Il est

B. FRANKLIN
NÉ A BOSTON
LE XVII JANVIER MDCCVI
MORT A PHILADELPHIE
LE XVII AVRIL MDCCXC

comme ce personnage d'un conte de fée qui, chaque fois qu'il ouvrait la bouche, laissait tomber des perles et des diamants. Tel est, du reste, l'engouement dont il est l'objet, qu'on lui prête encore plus de traits d'esprit qu'il n'en lance. Mais, comme dit le proverbe, on ne prête qu'aux riches, et voici au moins un des mots authentiques qui lui sont échappés alors. Un visiteur ennuyeux lui dit en se retirant : « Je ne suis venu voir aujourd'hui que Sophocle; je reviendrai une autre fois présenter mes hommages à Homère; puis ce sera le tour de Lucien. — Ah! monsieur, » réplique Voltaire, « je suis bien vieux; si vous pouviez faire toutes ces visites en une fois! »

Ces témoignages d'estime et d'admiration qui pleuvaient sur la tête du grand écrivain n'étaient pourtant encore qu'un prélude. Ses amis organisaient en son honneur un véritable triomphe. Le lundi 30 mars fut le grand jour. D'abord le patriarche se rend à l'Académie, qui vient en corps au-devant de lui, et le nomme par acclamations son directeur. D'Alembert lit, pendant la séance, un *Eloge de Despréaux*, et il se trouve que toutes les louanges données au satirique ricochent sur Voltaire; c'est un éloge en partie double, où l'auteur confond habilement le mort et le vivant illustre qui l'écoute. Ce n'est rien encore. Voltaire se rend au théâtre où l'on doit représenter *Irène*. Son carrosse est assailli par une foule en délire; on lui baise les mains; on arrache des poils de la fourrure qu'il porte pour les garder comme autant de reliques; on crie « Vive Voltaire! » Une femme du peuple dit de lui : « C'est l'homme aux Calas. » A peine est-il dans la salle, que les battements de mains éclatent comme un tonnerre. Un acteur entre dans sa loge et lui met sur le front une couronne de laurier. Voltaire veut l'ôter, la poser sur la tête de sa voisine, la marquise de Villette; mais un prince s'en saisit pour la lui rendre, et il faut que le pa-

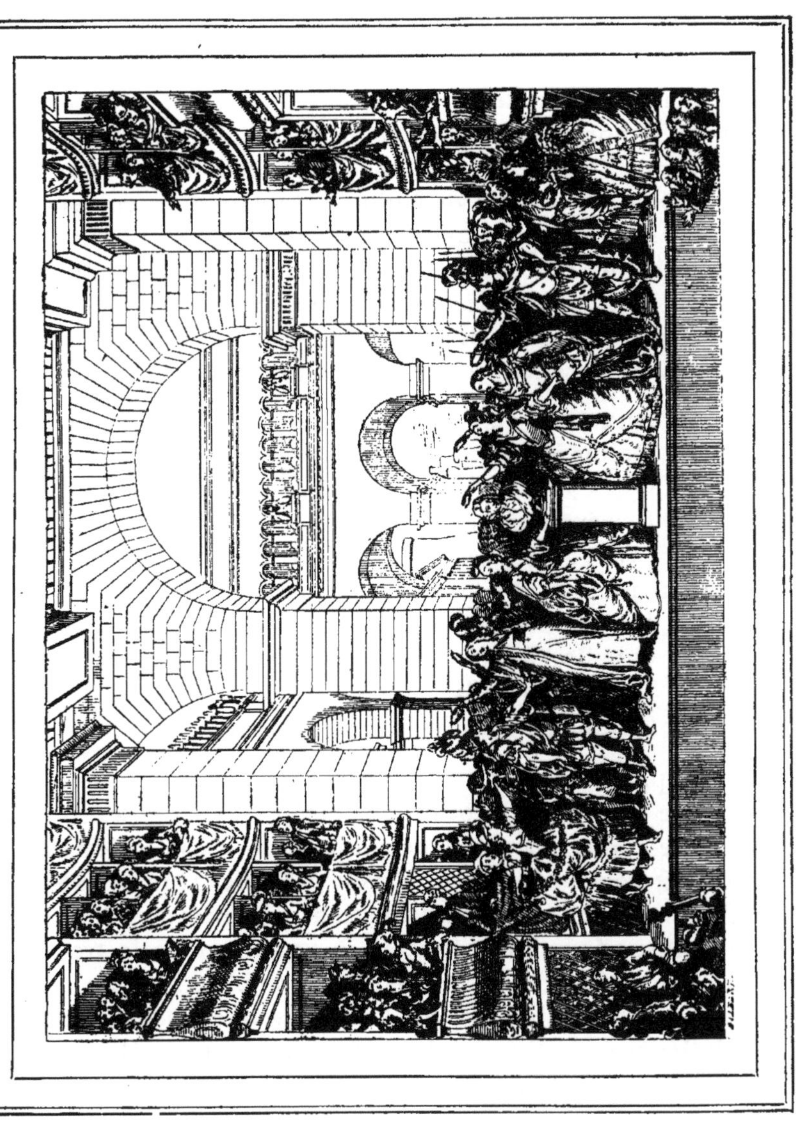

COURONNEMENT DU BUSTE DE VOLTAIRE

Au Théâtre-Français le 30 mars 1778.

triarche reste, bon gré mal gré, couronné. La pièce que l'on joue, dernier fruit de la verve de Voltaire, est médiocre; mais qu'importe? On l'écoute à peine. On ne voit, on n'applaudit que l'auteur. Tout à coup la toile se lève, et sur la scène apparaît le buste de Voltaire; tout autour, en demi-cercle, les comédiens et une foule de spectateurs qui ont envahi la scène. Un acteur, qui, par un hasard piquant, est costumé en moine, pose une couronne sur le buste; les couronnes pleuvent alors de toutes parts; la scène en est inondée, puis une actrice s'avance et lit ces vers :

Aux yeux de Paris enchanté
Reçois en ce jour un hommage
Que confirmera d'âge en âge
La sévère postérité.
Non, tu n'as pas besoin d'atteindre au noir rivage
Pour jouir de l'honneur de l'immortalité.
Voltaire, reçois la couronne
Que l'on vient de te présenter;
Il est beau de la mériter,
Quand c'est la France qui la donne.

On n'applaudit plus, on trépigne. Voltaire s'écrie d'une voix brisée de joie : « Vous voulez donc m'étouffer sous les roses, me faire mourir à force de gloire! » Il est près de s'évanouir, et pourtant la journée n'est pas finie. Il rentre à son logis escorté des mêmes acclamations; des hommes du peuple sont sur le point de dételer sa voiture pour la traîner eux-mêmes. Le triomphe était bien complet. Envieux, ennemis, dévots étaient écrasés et réduits au silence. Ce jour-là, Voltaire était plus roi de France que Louis XVI.

A cette frénésie populaire s'ajoutait encore, quelques jours plus tard, un triomphe plus intime. La franc-maçonnerie se faisait une fête de l'admettre au rang de ses membres.

Le 7 avril, la Respectable Loge des Neuf-Sœurs, où figuraient bon nombre d'écrivains connus, le recevait comme apprenti maçon avec une solennité tout à fait inusitée. Les tentures bleues et blanches, rehaussées d'or et d'argent, décoraient les murs du temple; des drapeaux de diverses nations flottaient entremêlés comme un emblème de la fraternité des peuples; des visiteurs en grand nombre, et parmi eux plusieurs prêtres, se pressaient pour être témoins de la cérémonie. Voltaire une fois initié suivant le rite accoutumé, le Vénérable de la Loge, qui était l'illustre astronome de Lalande, lui adressa les paroles suivantes :

« Très cher frère,

« L'époque la plus flatteuse pour la Loge sera désormais marquée par le jour de votre admission. Il fallait un Apollon à la Loge des Neuf-Sœurs; elle le trouve dans un ami de l'humanité qui réunit tous les titres de gloire qu'elle pouvait désirer pour l'ornement de la Maçonnerie.

« .... L'émulation que votre présence doit y répandre, en donnant un nouvel éclat et une nouvelle activité à notre Loge, tournera au profit des pauvres qu'elle soulage, des études qu'elle encourage, et de tout le bien qu'elle ne cesse de faire. Quel citoyen a mieux que vous servi la patrie en l'éclairant sur ses devoirs et sur ses vrais intérêts, en rendant le fanatisme odieux et la superstition ridicule, en rappelant le goût à ses véritables règles, l'histoire à son véritable but, les lois à leur première intégrité? Nous promettons de venir au secours de nos Frères et vous avez été le créateur d'une peuplade entière qui vous adore et qui ne retentit que de vos bienfaits. Vous avez élevé un temple à l'Eternel; mais, ce qui valait mieux encore, on a vu près de ce temple un asile pour des hommes proscrits, mais utiles, qu'un zèle aveugle aurait peut-être repoussés.

« Ainsi, très cher frère, vous étiez franc-maçon avant que d'en recevoir le caractère, et vous en avez rempli les devoirs avant que d'en avoir contracté l'obligation entre nos mains... »

Voltaire eut la parole à son tour, et, en quelques mots où perçait l'émotion, il déclara « que, dans les principes de la Maçonnerie, il retrouvait toutes les inspirations qui avaient guidé sa vie entière et qu'il s'engageait à être un des frères les plus fidèles et les plus zélés, parce qu'il n'aurait qu'à suivre la voix de sa conscience et de son cœur. »

A ce moment, un frère s'avança et lui remit le quatrain suivant :

Au seul nom de l'Illustre Frère,
Tout Maçon triomphe aujourd'hui ;
S'il reçoit de nous la lumière,
Le monde la reçut de lui.

Qu'on se reporte maintenant à cent ans en arrière; qu'on se rappelle le grand Corneille mourant dans la misère, pendant que M. le marquis de Dangeau inscrit sur son journal cette laconique oraison funèbre : « Aujourd'hui le bon« homme Corneille est mort. » Que l'on compare ce qui se passait alors aux honneurs dont Voltaire est accablé, et l'on mesurera d'un seul coup d'œil le chemin qu'ont fait les esprits; on aura une idée de la puissance qu'ont acquise en cent ans les gens de lettres, ces ouvriers de la pensée!

Par malheur, on ne subit pas impunément des émotions aussi vives et aussi fatigantes, surtout lorsqu'on a quatre-vingt-quatre ans! Voltaire, quelques jours après son arrivée à Paris, s'était déjà trouvé malade. Il eut peur de la mort et plus encore du sort qui était réservé à son cadavre. Faiblesse, si l'on veut, mais c'était là une chose qui, de tout temps, lui tint fort à cœur. Or, les craintes de Voltaire à ce sujet n'étaient pas sans fondement. Dès qu'il parut à Paris, le parti dévot fouilla les archives pour découvrir quelque ordre d'exil antérieurement donné; déçu dans son espoir, parce que Voltaire n'avait pas été formellement exilé, il se vengea en mêlant quelque amertume aux plaisirs dont le poète-philosophe était abreuvé. Des satires dirigées contre lui parurent dans les journaux pieux et coururent les monastères. Des abbés, profitant de l'inviolabilité de la chaire, firent contre lui des sorties violentes. Voltaire, toujours prompt à s'effrayer, fut des plus inquiets : « Je ne « veux pas être jeté à la voirie, » disait-il. Il redoutait à la fois le scandale et le ridicule d'une pareille mesure. Il voulait conserver le décorum jusque dans la mort, et il se décidait à se soumettre une fois de plus aux cérémonies religieuses qui pouvaient lui épargner cet ennui posthume. « Quand on meurt à Surate, » disait-il, « il faut tenir la queue « d'une vache dans sa main. » Mourant en pays catholique, il se résignait à se confesser et à recevoir l'extrême-onction. Ses amis, les philosophes, pensaient comme lui sur ce point et lui conseillaient d'imiter Fontenelle et Montesquieu, qui, au dernier moment, avaient accepté cet accommodement avec leur conscience.

Voltaire était dans ces dispositions; il croyait l'instant venu de faire, suivant son expression, « le saut périlleux », quand il reçut la visite d'un brave prêtre nommé Gautier. C'était le chapelain des Incurables, et les plaisants prétendirent qu'il ne fallait pas moins pour tenter cette cure « in extremis ». L'abbé Gautier venait pour travailler au salut de l'âme de Voltaire. S'il faut en croire certains commérages plus piquants que véridiques, la première entrevue fut curieuse. Voltaire aurait demandé au prêtre de quelle part il venait. — De la part de Dieu, aurait répondu l'abbé. —

Voyons vos lettres de créance, eût répliqué l'incorrigible railleur. — Ce qui est plus sûr, c'est que Voltaire, après avoir causé avec l'abbé Gautier, dit de lui : C'est un bon imbécile. Il le trouvait peu gênant, assez doux; il le préférait au curé de Saint-Sulpice, qui sollicitait, au même moment, le plaisir de confesser Voltaire. C'est donc à l'abbé Gautier qu'il demanda son passeport pour l'éternité; c'est à lui qu'il fit l'aveu de ses péchés et remit la déclaration suivante :

« Je, soussigné, déclare qu'étant attaqué depuis quatre mois d'un vomissement de sang, à l'âge de quatre-vingt-quatre ans, et n'ayant pu me traîner à l'église, M. le curé de Saint-Sulpice ayant bien voulu ajouter à ses bonnes œuvres celle de m'envoyer M. l'abbé Gautier, prêtre, je me suis confessé à lui, et que si Dieu dispose de moi, je meurs dans la religion catholique où je suis né, espérant de la miséricorde divine qu'elle daignera pardonner toutes mes fautes, et que, si j'avais jamais scandalisé l'Église, j'en demande pardon à Dieu et à elle. »

La déclaration était assez anodine ; mais, pour qu'il ne restât aucun doute sur le fond même de sa pensée, Voltaire avait, deux jours auparavant, signé cette autre profession de foi :

« Je meurs en adorant Dieu, en aimant mes amis, en ne haïssant pas mes ennemis et en détestant la superstition. »

Voltaire en fut cette fois pour ses frais de confession. Pendant que deux hommes d'église se disputaient l'honneur de sauver son âme, deux médecins se disputaient celui de sauver son corps. Ce furent les médecins qui eurent l'avantage, et qui permirent à Voltaire de jouir, avant son départ pour l'autre monde, de l'enthousiasme que nous avons décrit plus haut.

Tronchin ne cessait de répéter à Voltaire : « Retournez

à Ferney. » Le patriarche promettait de partir et restait toujours. Paris l'avait repris et enchaîné par mille liens qu'il n'avait pas le courage de rompre. Quoique harassé des hommages bruyants dont il était l'objet, il ne songeait pas à se reposer. Il surmenait son corps épuisé; il lui imposait des travaux qui eussent fait reculer un homme dans la force de l'âge. Une chose l'avait frappé : l'insuffisance du dictionnaire de l'Académie, et il voulait le refondre sur un plan plus large. Il n'a pas plus tôt conçu ce projet qu'il veut le réaliser, et, comme l'Académie ne paraît pas pressée de se mettre à cette œuvre longue et difficile, il la gourmande, il l'excite, il lui souffle son ardeur. Il distribue les différentes lettres à ses confrères et prend pour lui la lettre A, la plus chargée. Tout le monde est entraîné : Voltaire s'écrie : « Je « vous remercie, Messieurs, au nom de l'alphabet. — Et vous, » lui répond-on, « nous vous remercions au nom des lettres. » Le voilà sans délai qui se met à l'ouvrage et qui s'efforce de faire tenir le plus de travail possible dans le moins de temps possible. Il prend du café pour se soutenir; mais il en prend sans compter les tasses et il chasse le sommeil. Pour le ramener de force, il veut prendre une potion à l'opium que lui indique son vieil ami, le maréchal de Richelieu. Mais il en prend trop. « Ah! frère Caïn, tu m'as tué, » s'écria-t-il, dit-on, quand il s'aperçut que le remède du maréchal n'était qu'un poison pour lui. Il est alors saisi d'une fièvre violente que suit un abattement profond. Entre deux accès, il trouve encore moyen d'envoyer une lettre qui fut la dernière de son immense correspondance. On lui annonçait que le comte de Lally-Tollendal, injustement décapité, venait d'être réhabilité : il dicte ces lignes d'une voix défaillante : « Le mourant ressuscite en apprenant cette grande « nouvelle, il embrasse bien tendrement M. de Lally; il « voit que le roi est le défenseur de la justice; il mourra

« content. » Voltaire, cet intraitable ennemi du fanatisme, était devenu, surtout sur la fin de sa vie, fanatique de justice et d'humanité; et c'est une chose qui l'honore, qu'à ses derniers moments il s'occupe et se réjouisse encore de voir réparer une grande iniquité.

C'est le 26 mai 1778 que Voltaire avait cette joie suprême. Le 30, il terminait sa vie pleine d'œuvres et de jours.

Voltaire mourant n'a pas échappé à la légende et à l'imagination des chroniqueurs mal intentionnés. Les récits les plus fantastiques ont défiguré la façon dont il expira, et c'est pourquoi il nous faut bien rétablir la vérité, autant qu'on peut la connaître. — Voltaire avait promis de mourir en riant; mais son médecin Tronchin, qui le connaissait bien et qui n'était pas tendre pour son malade, écrivait à un ami ces paroles brutales : « Ce sera pour lui un fichu mo« ment. S'il conserve sa tête jusqu'au bout, ce sera un « plat mourant. » Il semble bien, en effet, que Voltaire, en présence du moment fatal, fit preuve de faiblesse : mais il y a ici un singulier écart entre les différentes versions.

On sait du moins que l'abbé Gautier et le curé de Saint-Sulpice, réunissant leurs efforts, vinrent le voir à son agonie pour tâcher d'obtenir du mourant une apparence de conversion. Mais Voltaire, suivant les uns, aurait répondu au curé qui lui parlait de Jésus-Christ : « Au nom de Dieu, ne me parlez plus de cet homme-là »; suivant les autres, il aurait dit tout simplement : « Laissez-moi mourir en paix. » La divergence ici est légère; mais où elle s'aggrave, c'est quand il est question des moments qui suivirent. A en croire les amis de Voltaire, sa famille, ceux qui purent recueillir son dernier soupir, sa fin fut assez paisible. Toutefois, ils paraissent reconnaître que le philosophe ne montra pas toute la fermeté qu'on aurait pu attendre de lui. Il est surtout une lettre célèbre de Tronchin qui est devenue le point de départ d'une quantité de fables.

Tronchin est un protestant convaincu qui serait heureux de prendre l'incrédule Voltaire en flagrant délit de repentir ou d'effroi final; c'est tout autre chose que de la bienveillance qu'il apporte à son chevet. Il est, du reste, avéré qu'il n'assista pas aux derniers moments du malade. Sa lettre se rapporte ainsi aux jours précédents. En voici, toutefois, les passages les plus saillants :

« Si mes principes, mon bon ami, avaient eu besoin que j'en serrasse le nœud, l'homme que j'ai vu dépérir, agoniser et mourir sous mes yeux en aurait fait un nœud gordien; et, en comparant la mort d'un homme de bien, qui n'est que la fin d'un beau jour, à celle de Voltaire, j'aurais vu bien sensiblement la différence qu'il y a entre un beau jour et une tempête, entre la sérénité de l'âme d'un sage qui cesse de vivre et le tourment affreux de celui pour qui la mort est le roi des épouvantements...

« Je ne me le rappelle pas sans horreur. Dès qu'il vit que tout ce qu'il avait fait pour augmenter ses forces avait produit un effet tout contraire, la mort fut toujours devant ses yeux. Dès ce moment, la rage s'est emparée de son âme. Rappelez-vous les fureurs d'Oreste : « Furiis agitatus obiit [1]. »

Que Voltaire se soit cramponné à la vie, qu'il ait redouté ce grand inconnu qu'on appelle la mort, qu'il ait éprouvé ces troubles et ces défaillances qui accompagnent souvent la dissolution du corps humain, il n'est pas permis d'en douter après cela. Mais cela ne suffisait pas à ses ennemis, aux dévots surtout qui se sentaient assez braves pour donner leur coup de pied au lion mort. Il fallait, pour le bien de leur cause, que Voltaire mourût dévoré de remords, assailli de

1. Il est mort poursuivi par les Furies.

visions épouvantables, en proie par avance aux tourments de l'enfer, apercevant dans la ruelle de son lit le démon et les flammes auxquelles il était voué. Tout cela se trouve dans des ouvrages soi-disant historiques, dus à d'obscurs abbés, et ce n'est pas tout encore. On lisait dans la *Gazette de Cologne,* quelques semaines après l'événement, les lignes suivantes :

« Cette mort n'a pas été ûne mort de paix. Si ce que mande de Paris un homme bien respectable et ce qui est attesté d'ailleurs par M. Tronchin, témoin oculaire et qu'on ne peut guère récuser, est exactement vrai, peu de temps avant sa mort, M. de V*** est entré dans des agitations affreuses, criant avec fureur : « Je suis abandonné de Dieu et des hommes. » Il se mordait les doigts, et, portant les mains dans son pot de chambre et saisissant ce qui y était, il l'a mangé. « Je voudrais, » dit M. Tronchin, « que tous ceux qui ont été séduits par ses livres eussent été témoins de cette mort. Il n'est pas possible de tenir contre un pareil spectacle. » Ainsi a fini le patriarche de cette secte qui s'en croit honorée. »

Ces lignes paraissaient sans signature; l'auteur ne parlait que d'après ouï-dire, il faisait précéder ses assertions d'un « si » fort prudent. Mais, n'importe! C'est là le récit que les ennemis de Voltaire ont adopté et amplifié. S'autorisant de Tronchin, qui n'a pas vu expirer le patriarche, citant des valets de chambre, des commis-voyageurs ou bien des « personnes fort respectables, » mais anonymes ou mortes depuis longtemps, ils se sont plu à tracer de la mort de Voltaire le tableau le plus horrible et le plus dégoûtant. C'est peine perdue; toutes ces fables tombent sans peine devant un examen loyal, devant une critique sérieuse, et on est bien obligé d'y reconnaître de saints mensonges et de pieuses calomnies.

Du reste, en admettant même les détails dont on a enrichi les derniers moments du philosophe, il n'est pas facile de voir quelle conclusion l'on en pourrait tirer. Oh ! sans doute, il y a dans Massillon une terrible peinture de la mort des pécheurs, de leurs angoisses, de leurs effarements, quand ils vont tomber entre les mains du Dieu qu'ils ont outragé, quand ils se sentent lancés dans une éternité de souffrances. C'est même là un lieu commun d'éloquence religieuse qui peut produire grand effet, quand le morceau est dit d'une voix retentissante, dans la demi-obscurité d'une grande cathédrale, en présence d'un auditoire de femmes. Mais, si l'on veut aller au fond des choses, il est permis de dire hardiment que l'attitude d'un mourant, à un instant où la machine humaine se désorganise, n'est souvent pas du tout d'accord avec sa vie passée et ne saurait infirmer la valeur de ce qu'il a dit et écrit dans toute la plénitude de son intelligence. On a vu (l'histoire est là pour le prouver) des criminels renforcés, des incrédules fieffés mourir le plus paisiblement du monde. On a vu, d'autre part, des chrétiens zélés, des fidèles éprouvés, tourmentés en expirant par les aiguillons d'une conscience chatouilleuse; et, s'il fallait une preuve de ce renversement fréquent des rôles, un exemple d'un juste, suivant le monde et suivant l'Eglise, mourant comme Massillon fait mourir les réprouvés, on pourrait l'emprunter à l'homme qui a donné lieu à ce débat, à Tronchin lui-même. Comparant la fin du religieux Haller à celle de l'impie Voltaire, il a écrit ces lignes :

« Comment arrive-t-il que, par des routes bien opposées, le grand Haller n'ait pas joui de plus de consolation que lui et que la religion, si consolante, n'en procure pas plus que l'irréligion ? Mon bon ami, je m'y perds. »

Laissons donc là un débat qui a suscité des polémiques

ardentes, mais qui ne nous paraît pas mériter tant d'honneur.

Voltaire était déjà mort qu'on demandait encore de ses nouvelles. C'est que la famille redoutait un esclandre, et voulait le faire enterrer décemment, avant que le parti dévot n'eût le temps de s'y opposer. Le curé de Saint-Sulpice (c'était sur sa paroisse que Voltaire venait d'expirer) avait, sur l'ordre de l'archevêque, refusé une sépulture au cadavre; des lettres étaient dépêchées en toute hâte à l'évêque d'Annecy pour qu'il empêchât son ensevelissement à Ferney. Mais Voltaire était destiné à triompher jusqu'au bout des haines du clergé. Pendant que l'on travaillait contre lui, son corps (moins le cœur et le cerveau qui fut trouvé énorme) était transporté en cachette à l'abbaye de Scellières, en Champagne. Un de ses neveux en était abbé. Là, sans perdre de temps, on l'enterrait avec les cérémonies usitées dans l'Eglise catholique. L'évêque de Troyes, prévenu, se hâta d'envoyer une interdiction formelle; elle arriva trop tard, et, comme on recula devant le bruit que ferait une exhumation, on laissa, bon gré mal gré, les restes de Voltaire reposer, ô suprême ironie! au milieu d'un monastère. C'est ainsi, au moyen âge, que Jean de Meung, le grand ennemi des moines, eut, dit-on, son tombeau dans un couvent de Jacobins.

CHAPITRE XIII

COUP D'ŒIL SUR LA RENOMMÉE DE VOLTAIRE

CONCLUSION

Un homme comme Voltaire ne disparaît pas sans laisser un grand vide. Quand la nouvelle de sa mort fut connue à Paris, ce fut une émotion profonde, quoique contenue. Sur son corps s'engagea aussitôt une lutte acharnée entre philosophes et dévots : ainsi jadis Grecs et Troyens se battaient sur le cadavre d'un guerrier expiré. On peut même dire que la bataille n'a pas encore cessé ; et ce n'est pas assez d'avoir suivi Voltaire jusqu'à son dernier jour, il nous faut parcourir l'histoire de sa renommée jusqu'à notre époque.

« Il y a, selon Montesquieu, des choses que tout le monde dit, parce qu'on les a dites une fois. » C'est ainsi qu'on entend répéter : « La postérité, toujours équitable, apprécie chacun à sa valeur, assigne à chacun sa véritable place. » On oublie, en parlant de la sorte, que la postérité n'est pas un tribunal immuable, que c'est un être ondoyant et divers comme les hommes qui la composent. Aussi n'est-il pas un seul grand homme dont la gloire n'ait subi quelque éclipse.

Si la postérité change ainsi d'opinion sur les gens et les choses, c'est qu'elle n'est pas impartiale. Parmi les motifs qui lui dictent ses arrêts, il y en a qu'elle ne dit pas, parce qu'elle ne les sait pas; on dirait que le cœur se cache de l'esprit. Chaque époque, en effet, s'attache dans le passé aux hommes qui lui ressemblent le plus ; elle leur sait gré d'avoir eu mêmes idées ou mêmes sentiments qu'elle; elle les admire ou les exalte, sans se douter que ses sentences sont entachées de corruption ; elle ne s'aperçoit pas qu'elle se réfléchit dans ses jugements et trahit son caractère par ses préférences.

Toute renommée est ainsi sujette à un va et vient perpétuel. Mais ce flux et ce reflux sont surtout sensibles quand il s'agit d'un homme de combat qui aurait pu dire comme le poète allemand Henri Heine : « Gravez un glaive sur ma tombe. » Soldat d'une idée, champion d'une grande cause, Voltaire a partagé les chances diverses de cette cause et de cette idée ; il a été tour à tour foulé aux pieds ou triomphant avec les principes mêmes qu'il a défendus.

Au lendemain de sa mort, ses ennemis eurent les premiers succès. Mieux vus à la cour que ses amis, ils voulurent étouffer sa mémoire sous le silence. Défense fut faite aux journaux de parler de lui ; défense à l'Académie de célébrer, suivant l'usage, un service funèbre en son honneur; défense à ses admirateurs de lui élever un tombeau. Mais cette petite victoire ne fut pas de longue durée. A l'étranger comme en France, les regrets se firent jour bruyamment. C'est Frédéric II qui publie l'éloge de Voltaire, qui fait dire une messe solennelle pour le repos de son âme, qui place son buste à l'entrée de cette Académie de Berlin dont il avait si fort raillé le président. Catherine II, de son côté, achète toute la bibliothèque de son écrivain favori ; elle fait construire à Tsarkoé-Celo un château ordonné, meublé comme celui de Ferney ; elle fait ranger les livres dans l'ordre qu'ils occupaient du vivant du patriarche et elle dit, devant un portrait qui le représente : « Voilà l'homme à qui je dois tout ce que je sais et tout ce que je suis. » En

France, l'Académie française donne comme sujet du concours l'*Eloge de Voltaire*. Le discours de réception que prononce son successeur, Ducis, est une nouvelle occasion de rendre hommage au grand homme disparu. La Harpe fait jouer une pièce de circonstance intitulée les *Muses rivales* et l'on y voit les Muses se disputer l'honneur de couronner ce génie universel qui les a toutes courtisées. Mais ce qui vaut mieux que ces honneurs éphémères, mieux même qu'un monument en bronze ou en marbre, on prépare une édition complète de ses œuvres. Ce fut Beaumarchais qui se chargea de cette entreprise colossale et sut la mener à bon terme, en dépit des obstacles. Les évêques ont beau « sonner le tocsin », lancer mandement sur mandement. Tout ce qu'ils obtiennent, c'est que l'édition sera interdite en France. Mais elle s'imprime à Kehl, et, précédée d'une biographie écrite par Condorcet, elle circule bientôt à travers tout le pays.

Quand la Révolution éclata en 1789, elle put, à bon droit, considérer Voltaire comme un précurseur. Il l'avait prédite en termes fort clairs et longtemps à l'avance. Il écrivait (2 avril 1764) : « Tout ce que je vois jette les semences d'une révolution qui arrivera immanquablement et dont je n'aurai pas le plaisir d'être témoin. Les Français arrivent tard à tout, mais enfin ils arrivent. La lumière s'est tellement répandue de proche en proche qu'on éclatera à la première occasion et alors ce sera un beau tapage. Les jeunes gens sont bien heureux ; ils verront de belles choses. » Il ne s'était pas contenté d'annoncer ce grand changement ; il y avait travaillé avec persistance, sans s'occuper de la constitution politique du royaume, sans poser, comme Jean-Jacques, des principes contraires au régime monarchique, il n'avait cessé de réclamer des réformes dans la législation et des garanties pour la liberté des citoyens. On avait pu faire, en réunissant tous les vœux émis par lui, un recueil qui figura parmi les cahiers des Etats généraux sous le nom de *Cahier de M. de Voltaire.*

La première assemblée, la Constituante, fut tout entière animée de son esprit : on s'en aperçut bien aux mesures qu'elle prit contre le clergé; Voltaire eût applaudi des deux mains à la loi qui transformait les biens de l'Eglise en biens nationaux et forçait les prêtres à prêter serment à la Constitution.

Aussi est-ce bien naturellement que l'Assemblée nationale conçut l'idée de ramener en triomphe à Paris ce qui restait de Voltaire. Une église, consacrée à sainte Geneviève, venait de prendre le nom de Panthéon français, et sa destination nouvelle était indiquée par l'inscription qui brillait sur sa façade : « Aux grands hommes la patrie reconnaissante. » C'est là que Voltaire avait sa place marquée. Le 12 juillet 1791, un étrange et solennel cortège traversait Paris : des hommes vêtus à la romaine, des femmes vêtues à la grecque, s'avançaient gravement, portant dans leurs mains des couronnes de laurier ou des lyres dorées; ils entouraient un sarcophage que le peuple saluait de ses applaudissements. On ne voyait pas le triomphateur; c'était un cadavre, c'était Voltaire mort qui obtenait les honneurs de l'apothéose et entrait, porté par la reconnaissance nationale, dans le temple consacré aux gloires de la patrie. Quand on l'exhuma pour cette cérémonie, les gens du pays où il était enseveli furent désolés qu'on leur refusât de garder un bras du grand homme, comme ils l'avaient demandé; quelques-uns de ses admirateurs fanatiques parvinrent du moins à dérober quelques fragments de son corps et emportèrent des dents qu'ils conservèrent comme des reliques. A Paris, même enthousiasme. Ce n'étaient de tous côtés que bannières flottantes, guirlandes de fleurs, inscriptions flatteuses. On lisait partout

TRANSLATION DES CENDRES DE VOLTAIRE AU PANTHÉON

14 juillet 1791

des vers empruntés à ses ouvrages; ceux-ci, par exemple :

Si l'homme est créé libre, il doit se gouverner.
Si l'homme a des tyrans, il doit les détrôner.

C'est en parlant des vices que Voltaire avait émis ces maximes hardies. Mais on l'appliquait aux rois; on faisait de lui à toute force un républicain, et on applaudissait avec frénésie dans sa pièce de Brutus, qui fut alors reprise, cet hémistiche :

Vivre libre et sans roi.

Ailleurs étaient rappelés les titres littéraires du poète; et voici deux inscriptions qui embrassaient toute sa carrière dramatique : « A dix-sept ans, il fit *Œdipe*. — Il fit *Irène* à quatre-vingt-quatre ans. » En d'autres endroits, on célébrait le vengeur des Calas et des Sirven, et, témoignages vivants de son humanité, les demoiselles Calas figuraient dans le cortège. Le catafalque était soutenu par quatre roues de bronze que tout le monde admirait. « Voilà de bien belles roues, » dit un spectateur. — « Oui, répliqua un autre, elles écrasent le fanatisme. » Tel était le ton auquel la population parisienne était montée : le triomphe posthume de Voltaire ne le cédait en rien au triomphe qui avait précédé sa mort; et, pour que rien n'y manquât, un des plus brillants disciples du poète, Joseph-Marie Chénier le célébrait dans une ode qui fut chantée en chœur et dont voici quelques strophes :

Ah ! ce n'est point des pleurs qu'il est temps de répandre;
C'est le jour du triomphe, et non pas des regrets ;
Que nos chants d'allégresse accompagnent la cendre
Du plus illustre des Français.
Jadis par les tyrans cette cendre exilée,
Au milieu des sanglots fuyait loin de nos yeux;

Mais, par un peuple libre aujourd'hui rappelée,
    Elle vient consacrer ces lieux.
Salut, mortel divin, bienfaiteur de la terre ;
Nos murs, privés de toi, vont te reconquérir ;
C'est à nous qu'appartient tout ce qui fut Voltaire.
    Nos murs t'ont vu naître et mourir.
Ton souffle créateur nous fit ce que nous sommes :
Reçois le libre encens de la France à genoux.
Sois désormais le dieu du temple des grands hommes,
    Toi qui les as surpassés tous.

. . . .

La Barre, Jean Calas, venez, plaintives ombres,
Innocents condamnés, dont il fut le vengeur,
Accourez un moment du fond des rives sombres,
    Joignez-vous au triomphateur.
Chantez, peuples pasteurs, qui, des monts Helvétiques,
Vîtes longtemps planer cet aigle audacieux ;
Habitants du Jura, que vos accents rustiques
    Portent sa gloire jusqu'aux cieux.
Fils d'Albion, chantez ! Américains, Bataves,
Chantez ! De la raison célébrez le soutien.
Ah ! de tous les mortels qui ne sont point esclaves,
    Voltaire est le concitoyen.

Voltaire allait être bientôt dépassé par la marche rapide de la Révolution. Ce n'est plus lui, par exemple, qui inspire les meneurs de la Convention. C'est Rousseau qui est passé Dieu à son tour. Toutefois, l'influence de Voltaire est encore très forte sur plusieurs groupes, sur les Girondins, par exemple, voire même sur certains montagnards comme Danton et C. Desmoulins. Ceux-ci sont, comme le maître, amis du luxe, des arts, du commerce, ennemis du brouet noir, de l'austérité, du nivellement des fortunes. Mais ils ne

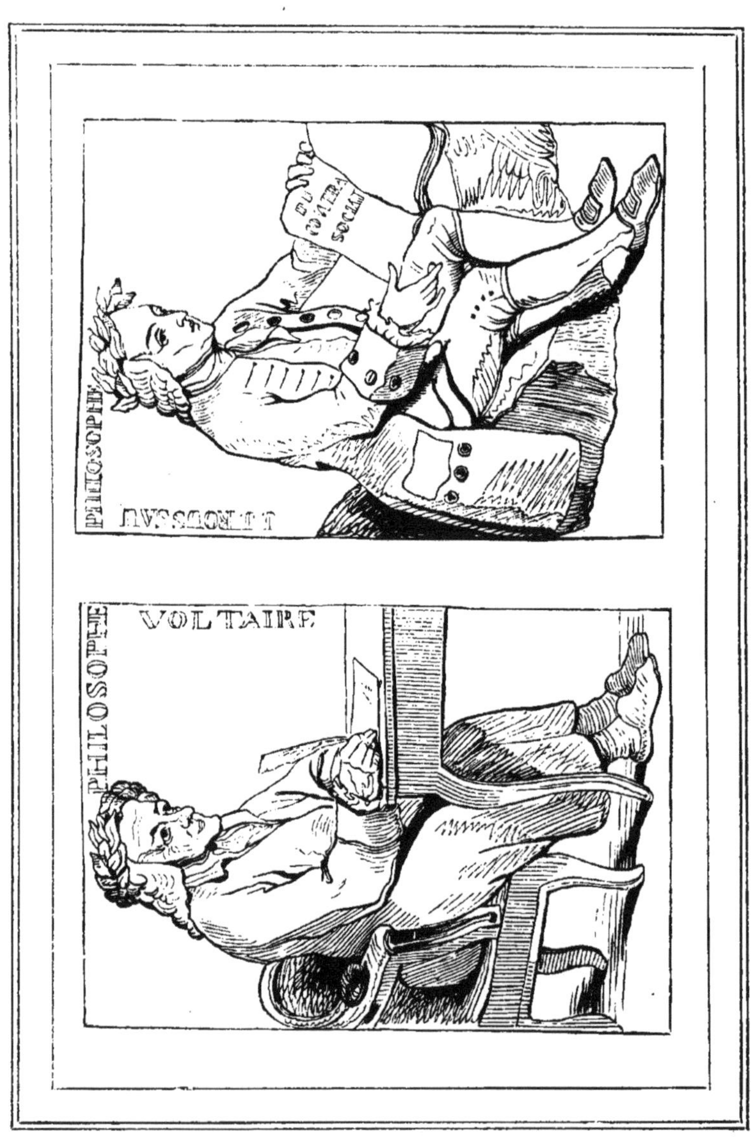

LA POPULARITÉ DE VOLTAIRE ET DE ROUSSEAU
Les deux philosophes figurés sur un jeu de cartes révolutionnaire.

furent pas les plus forts, et les Spartiates, disciples de Rousseau, guillotinèrent les Athéniens, disciples de Voltaire, en attendant qu'ils fussent guillotinés à leur tour.

Il n'est pas bien certain que Voltaire, s'il eût vécu encore, eût trouvé plaisir à être coiffé du bonnet rouge, comme le fut sa statue. Mais quand, après le 9 thermidor, on revint peu à peu aux choses abolies, la réaction despotique et catholique enveloppa Voltaire dans la même haine que les hommes mêmes de la Révolution. On sait quelle était l'aversion de Napoléon Ier pour tous ceux qu'il appelait les « idéologues », c'est-à-dire pour tous ceux qui avaient ou avaient eu l'arrogance de penser. Mais ce fut du milieu des restaurateurs du catholicisme que partirent contre le philosophe les plus violents anathèmes. Joseph de Maistre le traite en envoyé de Satan, en monstre à peine digne du nom d'homme. Il écrit :

« D'autres cyniques étonnèrent la vertu, Voltaire étonne le vice. Il se plonge dans la fange, il s'y roule, il s'en abreuve ; il livre son imagination à l'enthousiasme de l'enfer, qui lui prête toutes ses forces pour le traîner jusqu'aux limites du mal. Il invente des prodiges, des monstres qui font pâlir. Paris le couronna, Sodôme l'eût banni... Suspendu entre l'admiration et l'horreur, quelquefois je voudrais lui faire élever une statue..... par la main du bourreau [1]. »

Sous la Restauration, tout homme bien pensant, tout défenseur du trône et de l'autel, se croit obligé de lui lancer un bon coup de dent. Ce sont alors des biographies chimériques, d'énormes volumes destinés à l'écraser. Voici un fragment écrit vers 1817 par un certain M. Lepan, et qui suffit à faire juger du reste : « De tous les faits qui ont été rapportés on doit conclure qu'Arouet-Voltaire fut mauvais

1. *Soirées de Saint-Pétersbourg*, tome I.

fils, mauvais citoyen, ami faux, envieux, flatteur, ingrat, calomniateur, intéressé, intrigant, peu délicat, vindicatif, ambitieux de places, d'honneurs et de dignités, hypocrite, avare, intolérant, méchant, inhumain, despote, violent. » La kyrielle est longue. Il y manque pourtant quelque chose. L'auteur aurait dû y ajouter en guise de commentaire : « Je suis ami de l'église catholique et Voltaire en fut l'ennemi implacable et heureux. » On eût compris alors pourquoi un tel torrent d'injures !

Cette horreur pour le grand démolisseur se retrouve jusque dans nos plus grands poètes. L'un d'eux s'est écrié :

Voltaire alors régnait, ce singe de génie,
Chez l'homme en mission par le diable envoyé.

Qui parle ainsi? C'est Victor Hugo, qui depuis... Mais alors il était encore à demi-catholique, du moins par l'imagination. Puis c'est Alfred de Musset qui frappe à son tour. Il fait penser à l'enfant qui bat sa nourrice. Car, par la légèreté du ton, la raillerie ailée, il est bien, qu'il le veuille ou non, un petit-fils de Voltaire. N'importe! Il sacrifie au goût de son temps et lance au mort qui n'en peut mais la fameuse apostrophe que chacun connaît :

Dors-tu content, Voltaire, et ton hideux sourire
Voltige-t-il encor sur tes os décharnés?

Inutile de citer, après cela, les obscurs insulteurs qui qualifient le grand homme du XVIIIe siècle de franche canaille, d'idiot, de drôle, d'imbécile malpropre, etc.

On ne s'en est pas tenu là. Des injures on a passé aux voies de fait. Au mois de mai 1814, de fidèles serviteurs du roi et de l'Eglise arrachaient des cercueils de plomb où ils étaient contenus les restes de Voltaire et de Rousseau ; ils les emportaient et les enfouissaient dans un terrain vague, et l'un des exécuteurs s'écriait : « Plût à Dieu qu'il eût été possible d'ensevelir à jamais avec les restes de ces deux philosophes impies et révolutionnaires leurs doctrines pernicieuses et leurs détestables ouvrages. » La chose resta secrète, fut même démentie officiellement, quand le bruit s'en répandit dans le public ; mais ce n'est pas la première fois qu'on a entendu des mensonges officiels ; une enquête faite sous le second Empire est venue prouver, sans aucun doute possible, que le tombeau du Panthéon ne renferme plus rien.

Toutes ces colères s'adressaient au penseur. Mais l'écrivain ne fut pas davantage épargné. On répéta le mot de Montesquieu : « Voltaire n'est que joli. » Puis, comme il avait été le champion résolu des théories classiques, il fut englobé dans la condamnation que les romantiques portèrent en bloc contre leurs adversaires. On dit de lui autant de mal qu'il en avait dit de Shakespeare. On l'accusa d'être, suivant l'expression consacrée, « perruque et rococo ». Mais ici la passion était moins vive, et la prose de Voltaire, la verve enragée de ses satires, la grâce de ses poésies légères ont toujours apporté quelque adoucissement à la sévérité des critiques. D'ailleurs en lui, le philosophe domine le poète ; le fond fait souvent oublier la forme, et c'est à ses idées, bien plus qu'à son style, que ses adversaires se sont attaqués.

D'aussi fougueux assauts ne pouvaient manquer de rencontrer une vigoureuse résistance. Aux détracteurs emportés répondent les apologistes passionnés. Voltaire a des dévots, lui aussi. Il en est qui se proclament Voltairiens, comme on dit chrétiens. Il en est qui le transforment en prophète, en inspiré, en missionnaire envoyé de Dieu. Lerminier, vers 1830, s'écriait, dans son cours sur la philosophie du XVIIIe siècle :

« Oh ! mon Dieu ! puisque ce jeune homme qui se produit en 1718 n'est pas un étourdi, un enfant perdu, puisqu'il ne doit pas avorter dans une expédition que vous avez décrétée vous-même, comblez-le de tous vos dons, armez-le de toutes pièces : car, que de travaux et de labeurs l'attendent! Il risque, tant qu'il n'a pas entraîné le monde, d'en être écrasé lui-même. — Mais Dieu ne l'abandonne pas sans l'avoir muni d'une invincible habileté à l'entreprise où il l'envoie... »

A cet hymne en prose répondent d'éclatants hommages en vers; Lamartine, passant près de Ferney, salue ainsi celui qui en fut l'hôte et presque le créateur :

> Voltaire! Quel que soit le nom dont on le nomme,
> C'est un cycle vivant, c'est un siècle fait homme!

Et les étrangers font chorus avec les Français. Gœthe, le grand poète allemand, fait de lui cet éloge énorme : « Après avoir enfanté Voltaire, la nature se reposa. » Puis, comme si ce n'était pas encore assez, il ajoute : « Génie, imagination, profondeur, étendue, raison, goût, philosophie, élévation, originalité, naturel, esprit et bel esprit et bon esprit, variété, justesse, finesse, chaleur, charme, grâce, force, instruction, vivacité, correction, clarté, éloquence, élégance, gaîté, moquerie, pathétique et vérité : voilà Voltaire. C'est le plus grand homme, en littérature, de tous les temps; c'est la création la plus étonnante de la nature. » Son enthousiasme fait ainsi de l'écrivain français la quintessence du génie humain. Mais il est rare que les disciples ou les partisans de Voltaire prennent pour le célébrer ce ton lyrique. C'est le plus souvent avec les armes mêmes du maître, avec l'ironie et la raillerie, qu'ils repoussent les traits de ses ennemis. On connaît la chanson qui a pour refrain :

> Je suis tombé par terre,
> (C'est la faute à Voltaire)
> Le nez dans le ruisseau,
> (C'est la faute à Rousseau).

C'était la réponse narquoise et populaire à ceux qui confondaient dans la même haine ces deux hommes, si désunis pendant leur vie, mais si étroitement joints dans le souvenir de la postérité par leur lutte même et la ressemblance de leur rôle. Une réponse plus efficace encore, c'était le nombre croissant des éditions qui multipliaient les œuvres de Voltaire dans le monde entier. De 1817 à 1829, au moment même où il était le plus attaqué, il ne s'en fit pas moins de douze. Celle de Beuchot, en soixante-dix volumes in-8°, qui est restée longtemps la meilleure, a paru de 1829 à 1834, et, dès lors, chaque fois qu'en France le parti catholique a essayé de prendre le pouvoir, on lui a jeté à la face une édition de Voltaire. La dernière date de 1878. C'est qu'en effet l'attention s'est trouvée ramenée sur lui par une cause toute naturelle.

Un siècle entier avait passé sur sa tombe. Ses admirateurs résolurent de fêter son centenaire, et l'on put voir alors combien ce mort était resté vivant. Une nouvelle bataille s'engagea autour de sa mémoire; ce fut, d'une part, un orage de cris et de colères, une grêle de traits envenimés; ce fut, de l'autre, un réveil d'enthousiasme, une pluie de fleurs, de vers et de discours élogieux. Paris avait déjà donné son nom à un boulevard et au quai sur lequel il est mort; Paris lui avait élevé une statue sur une de ses places; ce fut encore Paris qui donna le plus d'éclat à la solennité. Une fête y fut organisée en son honneur; ce fut Victor Hugo qui la présida. Et il ne se borna pas à faire amende honorable de ses irrévérences d'autrefois; le patriarche du romantisme rendit un hommage éloquent et complet au patriarche de Ferney. Associées l'une à l'autre par les acclamations populaires, ces deux immortalités apparurent alors comme un trait d'union entre les deux siècles, comme un gage de solidarité entre la France d'hier et celle d'aujourd'hui.

La franc-maçonnerie se souvint aussi de celui qu'elle avait compté parmi ses adeptes. Déjà, dix ans auparavant, en face du Concile catholique réuni au Vatican, elle avait évoqué l'ombre de Voltaire et fait appel à l'ironie de ce prince des railleurs. Elle ne pouvait laisser passer l'anniversaire de sa mort sans lui payer son tribut de reconnaissance au nom de la pensée par lui affranchie. A Genève même, où l'on célébrait, la même année, le centenaire de Rousseau, on faisait à Voltaire sa part d'honneur, et l'on opérait, une fois de plus, la réconciliation de ces deux gloires rivales.

CONCLUSION

Une biographie n'est pas une apothéose. Nous ne terminerons pas en hissant Voltaire sur un autel et en couronnant son front d'une auréole. Toute qualité a son envers qui est un défaut. Le soleil, qui mûrit les moissons, les brûle quelquefois. Un homme, si grand qu'il puisse être, n'échappe pas à la loi commune, et, pour l'apprécier, il faut toujours mettre en balance le bien et le mal; le jugement s'obtient par soustraction et non par addition.

Ce jugement n'est pas encore facile à rendre aujourd'hui, quand il s'agit de Voltaire. Il reste, en somme, un être fort complexe, un mélange étonnant d'éléments qui semblent contradictoires. En lui se concilient, ou plutôt se heurtent, lésinerie et générosité, haine implacable pour qui l'offense et amour de l'humanité, petitesses singulières et qualités les plus hautes. Si l'on essaie toutefois de saisir le trait dominant de son caractère, il semble que ce soit une activité presque fébrile, une vivacité nerveuse qui se trahit de mille façons dans sa personne et dans ses écrits. De là, sa promptitude à s'irriter et cette mobilité qui transforme en un clin d'œil ses sentiments et sa physionomie ; mais, de là aussi cette sève intense qui circule dans ses veines, cette ardeur de feu sacré, ces élans de pitié pour les opprimés, cette passion pour le travail, la gloire et la propagande de ses doctrines. « Vivre, c'est agir. » Voltaire l'a dit plus d'une fois, et il l'a prouvé toute sa vie.

Qui dit homme d'action dit homme de combat ! C'est bien sous ces traits que Voltaire vit aujourd'hui dans la plupart des mémoires ; et c'est pour cela même que son œuvre et son nom demeurent toujours matière à controverse. Comme la bataille, où il a porté de si rudes coups, dure encore, ceux qui prétendent le juger sont à la fois juges et parties.

Il est bien évident que, pour des croyants sincères, pour un catholique, un protestant, un juif, Voltaire est un destructeur impitoyable dont ils ne sauraient trop détester l'acharnement. Il est tout aussi évident, en revanche, que pour le déiste, le libre-penseur, Voltaire a opéré un abattis salutaire dans l'amas des antiques superstitions, et qu'il a des droits à leur gratitude. Ni les uns ni les autres ne peuvent penser autrement, et les mettre d'accord sur ce point-là est impossible.

Ce qu'on ne peut du moins lui contester, c'est une conviction profonde qu'il travaillait au bonheur des hommes en se faisant l'apôtre de la tolérance ; c'est aussi son génie d'écrivain, sa merveilleuse habileté de vulgarisateur. Il lui a peut-être manqué de condenser ses brillants talents dans un grand ouvrage médité longuement et achevé patiemment. Il s'est dépensé, prodigué, gaspillé au jour le jour ; en s'éparpillant sur une multitude de sujets, il s'est condamné à ne pas les approfondir tous, et c'était la conséquence même du rôle militant qu'il avait adopté. Mais partout, dans son œuvre immense, il a porté ce qui n'appartient qu'à lui, une verve et un entrain qui animent tout, une clarté qui va jusqu'à la transparence, un esprit naturel et franc qui jette sur les choses les plus arides et les plus sombres un rayon de soleil et de gaîté. Il a ainsi incarné en lui les plus séduisantes des qualités françaises; il a été l'expression la plus éclatante de son temps; il a mérité qu'on appelât son époque le siècle de Voltaire.

On peut, après cela, suivant le parti où l'on se range, se plaindre ou se féliciter de l'ascendant qu'il a eu sur ses contemporains et même sur leurs successeurs : mais on ne saurait méconnaître la puissance d'un homme qui marque de son nom une étape aussi importante de la France et de l'humanité. Amis et ennemis s'accordent à voir en lui un grand émancipateur de la pensée moderne : cela suffit à sa gloire.

TABLES

I. — TABLE DES MATIÈRES

Chapitre I. Enfance et adolescence de Voltaire. 9
Chapitre II. Jeunesse de Voltaire jusqu'à son retour d'Angleterre. 18
Chapitre III. Condition des gens de lettres en France au XVIIIe siècle. 34
Chapitre IV. Voltaire à la cour et à Cirey. 48
Chapitre V. Ennemis et amis de Voltaire pendant sa jeunesse. 58
Chapitre VI. Voltaire en Allemagne ; ses rapports avec Frédéric II. 71
Chapitre VII. Etat des esprits au milieu du XVIIIe siècle. . 112
Chapitre VIII. Séjour de Voltaire à Lausanne et à Genève. Sa lutte avec J.-J. Rousseau. 127
Chapitre IX. Lutte de Voltaire contre l'Eglise catholique. 151
Chapitre X. Campagne de Voltaire en faveur de la tolérance religieuse. Affaires Calas, Sirven, Labarre, etc. . 176
Chapitre XI. Ennemis et amis de Voltaire dans la dernière moitié de sa vie. 196
Chapitre XII. Dernier voyage de Voltaire à Paris. Son triomphe. Sa mort. 221
Chapitre XIII. Coup d'œil sur la renommée de Voltaire jusqu'à nos jours. — Conclusion. 239

II. — TABLE DES ILLUSTRATIONS

Frontispice. 4
Portrait de Voltaire. 8

La Bastille. 20
Portraits de Milton, Prior, Swift, Addison, Pope. 30
Sortie des prisonniers de la Bastille. 40
Portrait de Newton. 50
Vers de Voltaire sur madame Du Châtelet. 56
Frédéric II. 73
Une représentation à Berlin. 79
Vue du palais de Potsdam. 89
Vue de Francfort-sur-le-Mein. 104
Portrait de J.-J. Rousseau. 116
Le château de Ferney. 123
Tremblement de terre de Lisbonne. 136
Théâtre de Voltaire à Chatelaine. 148
Portrait de Diderot. 154
L'Eglise de Ferney. 169
Huit signatures de Voltaire. 174
Adieux de Calas à sa famille. 180
Fragment d'un autographe de Voltaire. 188
Les châtiments barbares. 192
Physionomies de Voltaire. 198
Caricature sur la guerre de Sept-Ans. 205
Portrait de Catherine II. 215
Le déjeûner de Ferney. 218
Le patriarche de Ferney. 220
Portrait de Franklin. 225
Couronnement du buste de Voltaire. 227
Translation des cendres de Voltaire. 243
Cartes révolutionnaires représentant Voltaire et Rousseau. 246

Le Puy, typographie Marchessou fils, boulevard Saint-Laurent, 23.

www.ingramcontent.com/pod-product-compliance
Ingram Content Group UK Ltd.
Pitfield, Milton Keynes, MK11 3LW, UK
UKHW020546180726
13838UKWH00001B/76